社区矫正工作法律实务丛书

社区矫正执法文书的制作与应用

卞增智　邹屹峰 / 主　编
穆　麟　郭　斐 / 副主编

中国法制出版社
CHINA LEGAL PUBLISHING HOUSE

序　言

2020年7月1日起实施的《中华人民共和国社区矫正法》，作为我国第一部全面规范社区矫正工作的法律，确立了社区矫正制度的法律地位和基本框架。

法律的生命在于实施。帮助基层社区矫正工作人员在工作实践中更好地贯彻执行《中华人民共和国社区矫正法》及同时实施的《中华人民共和国社区矫正法实施办法》，是我们编写本书的初衷。本书编写的体例模式突出以执法文书为中心，但不满足于只是教会社区矫正工作人员如何规范制作社区矫正执法文书，更着眼于以文书为中心，链条式地贯通文书应用环节应知应会的相关规定，从而满足社区矫正工作人员高质量贯彻执行社区矫正法律法规的要求。强烈建议读者认真阅读本书的序言，了解本书的下述特点，利用好本书指导工作。

一是具有内容的时效性和权威性。本书以《中华人民共和国社区矫正法》《中华人民共和国社区矫正法实施办法》的规定和司法部2020年版本的《社区矫正法执法文书格式目录及样本》为依据进行编写。

二是具有内容的全面性。本书以《社区矫正法执法文书格式目录及样本》为依据，但并不是简单、割裂地只是对单个文书样本进行范例填写，而是贴合实践需要，每章根据社区矫正的类型事由，将所有相关的文书集中在一起，手把手地示范相关执法文书如何制作，避免遗漏。如对于社区矫正对象执行地变更事由的相关执法文书，则将社区矫正对象执行地变更审批表、社区矫正执行地变更决定书及社区矫正事项审批告知书这三个文书集合在一章里编写。

三是具有以执法文书为中心的手册性质的实用性和便捷性。本书每章的结构基本分为五个部分，分别是文书概念及作用、文书制作、文书应用环节的实体要求、文书应用环节的程序要求和对应的法律依据。“文书应用环节的实体要求”是让社区矫正工作人员全面掌握文书制作的目的和内容，“文书应用环节的程序要求”是让社区矫正工作人员知晓文书制作应用环节的具体工作流程。以调查评估意见书为例，“文书应用环节的实体要求”就是掌握了解调查评估内容、调查评估方式要求和时限要求，利于掌握制作调查评估意见书的目的和内容，从而知其然和所以然；“文书应用环节的程序要求”则是掌握调查评估意见书应用环节的具体流程。如此一来，社区矫正工作人员不仅能掌握文书的规范制作要求，更能从文书应用环节的实体内容和程序流程的双维度上，对文书的制作和应用达到“坐标化”和“立体化”的认知，既能保证文书制作的高度适用性和针对性，又能以文书为纽带链条式地、便捷地掌握文书应用环节的相关规定要求。

四是具有防范风险点的提示性。建议读者认真阅读每章第二部分文书制作里的“注意与提示”下的具体内容。该内容提示制作文书时可能存在的不规范问题，以及可能被检察机关监督到的工作风险点，确保社区矫正工作的规范和严谨。

最后希冀本书能够作为从事社区矫正工作人员的工具书和案头书，助力高质量做好社区矫正工作。由于编者水平有限，对于本书内容的错误和不足之处，还请读者批评指正。

编　者

2022年4月20日

目　录

第一章

调查评估意见书

一、调查评估意见书的概念及作用

调查评估意见书是社区矫正机构或者有关社会组织，受人民法院、人民检察院、公安机关、监狱委托，对犯罪嫌疑人、被告人或者罪犯的社会危险性和对所居住社区的影响进行社会调查，充分论证，形成准确的综合评估意见的书面材料，供决定机关参考的一类文书。

调查评估是国际上通行的一项重要的社区矫正工作制度，能够充分体现有关部门拟适用社区矫正制度时的审慎态度，为决定机关依法适用社区矫正提供重要的参考依据，有利于提前预判并降低社会风险，也是把好入口关、保证社区矫正质量和秩序的关键。

二、调查评估意见书的文书制作

（一）文书样本

<table>
<tr><td>

调查评估意见书

（　　）字第　　号

________人民法院（公安局、监狱管理局）：

受你单位委托，我单位于______年____月____日对被告人（罪犯）____________进行了调查评估，有关情况如下：____。

综合以上情况，评估意见为____。

（公章）

年　月　日

注：抄送______人民检察院。

</td></tr>
</table>

（二）填写范例与制作说明

案例：王某某，男，1990 年 10 月出生，起诉书记载：因犯故意伤害罪于 2020 年 4 月公安机关刑事拘留后被逮捕，2020 年 6 月法院对王某某取保候审。法院现拟对其宣告缓刑，为正确适用刑罚，委托社区矫正机构开展社区调查评估。

调查评估意见书

（2020）××矫调评字第1号

××市××区人民法院：

受你单位委托，我单位于2020年6月10日至2020年6月15日对被告人王某某进行了调查评估。有关情况如下：王某某，男，1990年10月出生，初中文化，已婚，居住地为××市××区××街道××号，户籍地为××市××区××街道××号，其自2009年于××中学毕业后在自家饭馆干活，2018年自购小型货翻斗车做道路运输拉渣土。据了解，王某某一岁多丧父，之后母亲再婚。通过走访邻居、村委会，均反映由于家庭特殊性，王某某从小就被祖辈溺爱，且因其曾于某武术学校学习两年，人际交往比较复杂，经常拉帮结派惹是生非，在村里评价很差，号称“小痞子”。王某某此次涉嫌犯罪是因为与同村郭某发生矛盾后，纠集其朋友对郭某实施报复性打击，造成郭某身体伤害。经与村委会、被害人沟通，均表示不同意其在村内实施社区矫正。

综合以上情况，评估意见为王某某宣告缓刑后，其社会危险性较大，对所居住社区的影响较大，不符合社区矫正的条件。

××市××区社区矫正机构（公章）

2020年7月17日

注：抄送××人民检察院。

制作说明：

1. 本文书根据《中华人民共和国社区矫正法》第十八条以及“两高两部”《中华人民共和国社区矫正法实施办法》第十四条的规定制作。

2. 除人民法院、公安机关和监狱管理机关，其他委托的机关，如监狱等依法委托社区矫正机构进行调查评估的，可在“______”委托机关处进行修改。

3. “有关情况”中需要写明被告人或者罪犯的基本情况、居所情况、家庭情况及社会关系、犯罪前的一贯表现、接收地村（居）民委员会和居住同一社区的被害人意见等情况。

4. “评估意见为______”可以填写被告人或者罪犯适用社区矫正是否存在社会危险性以及对所居住社区的影响。

5. 文书字号由年度、社区矫正机构代字、类型代字、文书编号组成，使用阿拉伯数字，例“(2020) ××矫调评字第1号”。一式三份，一份存档，一份与相关材料一起提交委托机关，同时抄送执行地县级人民检察院一份。

6. 对调查评估意见以及调查中涉及的国家秘密、商业秘密、个人隐私等信息，应当保密。

（三）填报的瑕疵案例与点评建议

案例1：贾某某，男，1976年10月出生，起诉书记载：因犯故意伤害罪于2001年11月被法院判处拘役三个月缓刑三个月；因犯故意伤害罪于2004年1月被法院判处有期徒刑一年六个月。现因涉嫌危险驾驶被取保候审。法院现拟对其宣告缓刑，为正确适用刑罚委托社区矫正机构开展社区调查评估。

调查评估意见书

(2020) ××矫调评字第2号

××市××区人民法院：

受你单位委托，我单位于2020年7月10日至2020年7月17日对被告人贾某某进行了调查评估。有关情况如下：贾某某，男，1976 年 10 月出生，初中文化，已婚，户籍地为××市××区××街道××号，居住地为××市××区××街道××号，居住地房屋 130 平方米为其配偶所有，现一家三口及岳父母共同居住在此。夫妻二人现同他人共同经营酒店，房屋抵押贷款用于酒店经营，另还有房屋出租作为生活来源，经济稳定。从派出所了解到该人有多次前科劣迹：2001 年 8 月故意伤害；2003 年 9 月故意伤害；2018 年 9 月故意伤害；此次涉嫌危险驾驶。且在居住社区因垃圾桶摆放问题投诉并踢踹垃圾桶，社区进行报警处理。鉴于有多次前科不排除其再犯危险。妻子表示接纳该人，具备家庭帮教条件。此次涉嫌危险驾驶在社区无特定被害人，社区居委会表示若参加矫正可协助开展工作。

综合以上情况，评估意见为贾某某宣告缓刑后，适用社区矫正存在社会危险性，对所居住社区的影响一般。

××市××区社区矫正机构（公章）

2020 年 7 月 17 日

注：抄送××人民检察院。

点评建议：该调查评估对被告人的居住、家庭、社会关系、家庭及社区帮教条件等进行了相关调查了解，并对社会危险性、居住社区影响出具了评估意见。但该评估对于前科劣迹调查不充分、不准确，书写不够规范，调查后无法判断三次故意伤害属于行政处罚还是刑事处罚，尤其同起诉书记载的前科劣迹不一致时，该调查结果直接关乎着刑事审判的准确性，建议予以核实反馈，规范书写，出具准确评估意见。

案例 2：钟某某，男，1983 年 10 月出生，因违反国家烟草专卖管理法规，未经许可贩卖电子烟弹等，于 2019 年 1 月 25 日被法院以非法经营罪判处有期徒刑五年，刑期自 2017 年 10 月 24 日起至

2022 年 10 月 23 日止。钟某某在服刑期间认罪态度良好，服从管教，改造方向明确，态度端正，遵守各项监规纪律，无扣分情况，并认真参加各项学习和劳动，综合评估各方面情况良好。现监狱拟对其提请假释，委托社区矫正机构开展社会调查评估。

调查评估意见书

（2020）××矫调评字第 3 号

××监狱：

受你单位委托，我单位于 2020 年 7 月 2 日至 2020 年 7 月 10 日对罪犯钟某某进行了调查评估。有关情况如下：钟某某，男，1983 年 10 月出生，汉族，大学本科文化，户籍地为××市××区××街道××号，居住地为××市××区××街道××号，居住地房屋 60 平方米为其父亲所有，现由父母二人在此居住。其父母均退休，经济情况稳定，并表示愿意为其提供经济帮助及监督帮教。经查，其无前科劣迹，成长经历正常。此次犯罪为非法经营，在社区无特定被害人，社区居委会亦同意其适用社区矫正。

综合以上情况，评估意见为钟某某适用社区矫正存在社会危险性，对所居住社区的影响一般。

××市××区社区矫正机构（公章）

2020 年 7 月 17 日

注：抄送××人民检察院。

点评建议：单纯从调查评估记录的有关情况来看，钟某某居住、家庭、社会关系、成长经历、帮教条件以及社区接受程度等各方面均较为良好，评估意见为存在社会危险性的认定未见调查事实予以充分支持。后经向调查人员了解，其作出该评估意见时主要考虑钟某某此次犯罪为非法经营罪，属破坏社会主义市场经济秩序犯罪，可能存在再犯罪风险，故出具了具有社会危险性的意见。建议虽然调查事项范围较广，但还可以开展深入调查，如成长经历方面是否自幼好学、尊敬师长、孝敬父母，家庭关系方面父母的年龄及家庭收入、对子女的管教能力，社会关系方面社区邻里相处是否和睦、愿意接纳等。对于经调查认为确有社会危险性的因素亦应指出相关的调查事实或证据材料，作具体明确表述，供决定机关予以参考。

（四）注意与提示

社会调查评估是对拟适用社区矫正的犯罪嫌疑人、被告人、罪犯进行调查，分析调查其生活背景、社会关系、违法犯罪行为及后果影响，分析评估其人身危险性、再犯可能性，及对居住社区所造成的影响等，最终形成调查评估报告，供社区矫正决定机关在判处管制、宣告缓刑、裁定假释、批准或决定暂予监外执行时予以参考。这就要求调查评估的程序合法，内容真实，出具的调查评估意见客观、准确、充分，具有可参考的价值。

1. 程序规范方面：程序合法是实体合法的基础和保障，目前《中华人民共和国社区矫正法》和《中华人民共和国社区矫正法实施办法》对调查评估的程序未作出明确具体规定，要求社区矫正机构或者有关组织进行调查评估提出意见，村（居）民委员会等组织提供必要协助。各地方在制定社区矫正相关细则中规定亦不甚统一。从司法实践角度，提出建议如下：

（1）调查主体：由社区矫正机构或者有关社会组织两名以上工作人员共同进行。

（2）笔录记录：调查中形成的调查笔录、询问笔录、走访记录等应写明调查时间、调查人员、调查地点、被调查人姓名、身份及联系方式、调查内容等基本情况。形成的笔录应由被调查人签字确认、写明日期，笔录记录形成后亦应由调查人签字确认。

（3）调取证明材料：进行调查的工作人员向村（居）民委员会、派出所等有关单位调取的相关证明文件，应有出具单位负责人签字或盖章，无法签字或盖章的，工作人员应注明调取证明材料的来源、时间、调取人。

（4）留存保管：调查评估的相关材料除随评估意见提交委托机关外，受委托的社区矫正机构或有关社会组织应当整理留档。

2. 实体内容方面：调查评估内容是调查评估的核心所在，即调查评估意见书中需填写的“有关情况如下”的相关内容。应当做到客观真实，避免受主观意识的影响；应当充分全面，避免偏信“一家之言”，通过调查准确反映犯罪嫌疑人、被告人、罪犯的社会危险性和对所居住社区的影响。提出建议如下：

（1）居所情况：有无住所、居住房屋权属性质、居住状况、共同居住人员等。

（2）家庭关系：家庭成员构成、基本情况、经济状况、接纳程度等。

（3）社会关系：邻里关系、社会交往情况、对适用社区矫正的态度等。

（4）犯罪前表现：工作学习表现、生活情况、违法违规情况等。

（5）悔罪表现：对犯罪行为的认识、悔改态度、罚金刑和附带民事赔偿履行情况、履行能力等。

（6）村（居）民委员会意见：可包括对适用社区矫正的意见、是否愿意协助做好社区矫正相关工作等。

（7）被害人意见：道歉谅解情况、赔偿及消除危害情况、对适用社区矫正的意见等。

（8）社会危险性及再犯可能性：是否有反社会倾向、是否有滥用药物情况、是否有悔过表现行为、对行为的控制能力等。

3. 调查评估意见：即调查评估意见书中“评估意见为”的相关内容。综合前述调查情况后，出具的调查评估意见应力求客观全面，有充分的调查事实予以支持。

三、调查评估意见书应用环节的实体要求

（一）内容要求

调查评估内容应当包括但不限于以下内容：犯罪嫌疑人、被告人或者罪犯的居所情况、家庭和社会关系、犯罪行为的后果和影响、居住地村（居）民委员会意见、被害人意见、拟禁止的事项、社会危险性、对所居住社区的影响等。另拟适用暂予监外执行的罪犯还可对其病情情况、保证人是否具备保证条件等进行评估。

社会危险性主要是指是否可能实施新的犯罪，是否有危害国家安全、公共安全或者社会秩序的现实危险，是否可能自杀或者逃跑等情况，判断被调查评估人是否有社会危险性要根据各方面情况综合考虑。

对所居住社区的影响是指对被调查评估人适用社区矫正是否对其所居住社区的安全、秩序和稳定带来重大、现实的不良影响。

（二）时限要求

社区矫正机构、有关社会组织应当自收到调查评估委托函及所附材料之日起十个工作日内完成调查评估，提交评估意见。对于适用刑事案件速裁程序的，应当在五个工作日内完成调查评估，提交评估意见。需要延长调查评估时限的，社区矫正机构、有关社会组织应当与委托机关协商，并在协商确定的期限内完成调查评估。

因犯罪嫌疑人、被告人或者罪犯的姓名、居住地不真实、身份

不明等原因，社区矫正机构、有关社会组织无法进行调查评估的，应当及时向委托机关说明情况。

（三）调查评估方式要求

调查方式可以参考但不限于采取以下方式进行：(1) 走访，走访对象可包括家庭成员、被害人及其近亲属、村（居）民委员会、派出所、工作单位、就读学校有关人员等；(2) 座谈，座谈对象可包括村（居）民委员会、工作单位、就读学校有关人员等；(3) 个别谈话，谈话对象可包括家人、亲朋好友、本人等；(4) 查阅调取相关资料；(5) 要求相关机关或企事业组织协助等。

对调查核实的情况进行综合性评估后，出具评估意见。可根据需要，组织召开由社区民警、社会工作者、社会志愿者、有关单位、部门和社区居民代表等参加的评议会，对适用社区矫正可能产生的社区影响、再犯罪风险以及是否具备监管教育条件等因素进行综合评估。

（四）程序规范要求

社会调查评估建议由两名以上社区矫正工作人员或社会组织工作人员进行。对于采取走访、座谈、个别谈话等方式进行调查的，调查人员应当现场制作调查笔录，经被调查人核实无误后签字确认；被调查人拒绝签字的，应当在笔录中注明。签字或注明后，调查人员亦应签名并填写制作日期。另，对于通过查阅调取相关资料方式进行调查的，应当由提供单位确认无误后盖章。必要时，在调查过程中可以录音、录像。

（五）注意事项

一是要注意未成年人社区矫正特别规定，即《中华人民共和国社区矫正法》第五十四条第一款规定："社区矫正机构工作人员和其他依法参与社区矫正工作的人员对履行职责过程中获得的未成年人身份信息应当予以保密。"调查评估意见书涉及对象为未成年人的，应当遵守保密规定。

二是要注意对调查评估意见以及调查中涉及的国家秘密、商业秘密、个人隐私等信息，应当保密，不得泄露。

四、调查评估意见书应用环节的程序要求

（一）侦查阶段发起的调查评估流程

1. 公安机关发送委托社会调查函及相关材料，至犯罪嫌疑人居住地的社区矫正机构或者有关社会组织。

2. 社区矫正机构或者有关社会组织收到委托社会调查函后，应当指派调查人员开展调查，并及时通知执行地县级人民检察院。

3. 调查人员应当围绕需要调查的事项通过实地走访、信息化核查等方式展开调查，并在调查过程中留存调查记录，经综合评估，形成规范的书面调查评估报告后提交社区矫正机构或者有关社会组织。

4. 社区矫正机构或者有关社会组织收到调查人员的调查记录和评估报告后，应当认真审核，并形成《调查评估意见书》，与相关材料一起提交发起委托的公安机关，同时抄送执行地县级人民检察院。

5. 公安机关在侦查阶段委托社区矫正机构或者有关社会组织进行调查评估，社区矫正机构或者有关社会组织在公安机关移送审查起诉后完成调查评估的，应当及时将评估意见提交受理案件的人民检察院或者人民法院，并抄送公安机关。

（二）审查起诉阶段发起的调查评估流程

1. 人民检察院发送委托社会调查函及相关材料，至犯罪嫌疑人居住地的社区矫正机构或者有关社会组织。

2. 社区矫正机构或者有关社会组织收到委托社会调查函后，应当指派调查人员开展调查，并及时通知执行地县级人民检察院。

3. 调查人员应当围绕需要调查的事项通过实地走访、信息化核查等方式展开调查，并在调查过程中留存调查记录，经综合评估，形成规范的书面调查评估报告后提交社区矫正机构或者有关社会组织。

4. 社区矫正机构或者有关社会组织收到调查人员的调查记录和评估报告后，应当认真审核，并形成《调查评估意见书》，与相关材料一起提交发起委托的人民检察院，同时抄送执行地县级人民检察院。

5. 人民检察院提起公诉时，已收到调查评估材料的，应当将材料一并移送，未收到调查评估材料的，应当将委托文书随案移送；在提起公诉后收到调查材料的，应当及时移送人民法院。

（三）决定阶段发起的调查评估流程

1. 决定机关发送委托社会调查函及相关材料，至被告人、罪犯居住地的社区矫正机构或者有关社会组织。

2. 社区矫正机构或者有关社会组织收到委托社会调查函后，应当指派调查人员开展调查，并及时通知执行地县级人民检察院。

3. 调查人员应当围绕需要调查的事项通过实地走访、信息化核查等方式展开调查，并在调查过程中留存调查记录，经综合评估，形成规范的书面调查评估报告后提交社区矫正机构或者有关社会组织。

4. 社区矫正机构或者有关社会组织收到调查人员的调查记录和评估报告后，应当认真审核，并形成《调查评估意见书》，与相关材料一起提交决定机关，同时抄送执行地县级人民检察院。

5. 决定机关收到《调查评估意见书》后，应当充分参考评估意见后作出决定。决定机关对调查评估意见的采信情况，应当在相关法律文书中说明。

五、调查评估意见书法律依据

《中华人民共和国社区矫正法》

第十八条 社区矫正决定机关根据需要，可以委托社区矫正机构或者有关社会组织对被告人或者罪犯的社会危险性和对所居住社区的影响，进行调查评估，提出意见，供决定社区矫正时参考。居民委员会、村民委员会等组织应当提供必要的协助。

《中华人民共和国社区矫正法实施办法》

第十三条 社区矫正决定机关对拟适用社区矫正的被告人、罪犯，需要调查其社会危险性和对所居住社区影响的，可以委托拟确定为执行地的社区矫正机构或者有关社会组织进行调查评估。社区矫正机构或者有关社会组织收到委托文书后应当及时通知执行地县级人民检察院。

第十四条 社区矫正机构、有关社会组织接受委托后，应当对被告人或者罪犯的居所情况、家庭和社会关系、犯罪行为的后果和影响、居住地村（居）民委员会和被害人意见、拟禁止的事项、社会危险性、对所居住社区的影响等情况进行调查了解，形成调查评估意见，与相关材料一起提交委托机关。调查评估时，相关单位、部门、村（居）民委员会等组织、个人应当依法为调查评估提供必要的协助。

社区矫正机构、有关社会组织应当自收到调查评估委托函及所附材料之日起十个工作日内完成调查评估，提交评估意见。对于适用刑事案件速裁程序的，应当在五个工作日内完成调查评估，提交评估意见。评估意见同时抄送执行地县级人民检察院。需要延长调查评估时限的，社区矫正机构、有关社会组织应当与委托机关协商，并在协商确定的期限内完成调查评估。因被告人或者罪犯的姓名、居住地不真实、身份不明等原因，社区矫正机构、有关社会组织无法进行调查评估的，应当及时向委托机关说明情况。社区矫正决定机关对调查评估意见的采信情况，应当在相关法律文书中说明。

对调查评估意见以及调查中涉及的国家秘密、商业秘密、个人隐私等信息，应当保密，不得泄露。

《关于规范量刑程序若干问题的意见》

第三条 对于可能判处管制、缓刑的案件，侦查机关、人民检察院、人民法院可以委托社区矫正机构或者有关社会组织进行调查评估，提出意见，供判处管制、缓刑时参考。

社区矫正机构或者有关社会组织收到侦查机关、人民检察院或者人民法院调查评估的委托后，应当根据委托机关的要求依法进行调查，形成评估意见，并及时提交委托机关。

对于没有委托进行调查评估或者判决前没有收到调查评估报告的，人民法院经审理认为被告人符合管制、缓刑适用条件的，可以依法判处管制、宣告缓刑。

《关于适用认罪认罚从宽制度的指导意见》

九、社会调查评估

35. 侦查阶段的社会调查。犯罪嫌疑人认罪认罚，可能判处管制、宣告缓刑的，公安机关可以委托犯罪嫌疑人居住地的社区矫正机构进行调查评估。

公安机关在侦查阶段委托社区矫正机构进行调查评估，社区矫正机构在公安机关移送审查起诉后完成调查评估的，应当及时将评估意见提交受理案件的人民检察院或者人民法院，并抄送公安机关。

36. 审查起诉阶段的社会调查。犯罪嫌疑人认罪认罚，人民检察院拟提出缓刑或者管制量刑建议的，可以及时委托犯罪嫌疑人居住地的社区矫正机构进行调查评估，也可以自行调查评估。人民检察院提起公诉时，已收到调查材料的，应当将材料一并移送，未收到调查材料的，应当将委托文书随案移送；在提起公诉后收到调查材料的，应当及时移送人民法院。

37. 审判阶段的社会调查。被告人认罪认罚，人民法院拟判处管制或者宣告缓刑的，可以及时委托被告人居住地的社区矫正机构进行调查评估，也可以自行调查评估。

社区矫正机构出具的调查评估意见，是人民法院判处管制、宣告缓刑的重要参考。对没有委托社区矫正机构进行调查评估或者判决前未收到社区矫正机构调查评估报告的认罪认罚案件，人民法院经审理认为被告人符合管制、缓刑适用条件的，可以判处管制、宣告缓刑。

第二章

社区矫正法律文书补齐通知书

一、社区矫正法律文书补齐通知书的概念及作用

社区矫正法律文书补齐通知书是社区矫正对象报到时，社区矫正机构未收到法律文书或者法律文书不齐全，需要通知社区矫正决定机关送达或者补齐法律文书。

社区矫正机构作为社区矫正工作具体实施的执行机关，其执行依据主要是社区矫正决定机关依法作出的判决、裁定和决定。因此，为体现刑事执行活动的严肃性、程序的规范性、实施的合法性，决定机关应当送达齐全、完备的法律文书，从而使社区矫正机构顺利接收社区矫正对象并无缝衔接实施工作。

二、社区矫正法律文书补齐通知书的文书制作

（一）文书样本

社区矫正法律文书补齐通知书

（存根）

（　　）　　字第　　号

社区矫正对象＿＿＿＿＿＿，身份证号码＿＿＿＿＿＿＿，＿＿年＿＿月＿＿日经＿＿＿＿＿人民法院（公安局、监狱管理局）判处（宣告、裁定、决定）管制（缓刑、假释、暂予监外执行）。该社区矫正对象已于＿＿年＿＿月＿＿日到＿＿＿＿社区矫正机构报到。经查，未收到相关社区矫正法律文书（相关法律文书不齐全），根据《中华人民共和国社区矫正法》第二十条之规定，请于5日内补齐＿＿＿＿＿＿＿等相关法律文书。

发往机关＿＿＿人民法院（公安局、监狱管理局）

填发人

批准人

填发日期　　年　月　日

社区矫正法律文书补齐通知书

（　　）　　字第　　号

＿＿＿＿人民法院（公安局、监狱管理局）：

你单位＿＿年＿＿月＿＿日判处（宣告、裁定、决定）管制（缓刑、假释、暂予监外执行）的社区矫正对象＿＿＿＿＿＿，身份证号码＿＿＿＿＿＿，已于＿＿年＿＿月＿＿日到＿＿＿＿＿

报到。经查，未收到相关社区矫正法律文书（相关法律文书不齐全），根据《中华人民共和国社区矫正法》第二十条之规定，请于5日内补齐____________________等相关法律文书。

联系人：　　　　　　　　联系电话：

（公章）

年　月　日

（二）填写范例与制作说明

案例：2021年3月8日，人民法院对罪犯林某某判处有期徒刑一年，缓刑一年。判决生效后，人民法院告知林某某在十日内到社区矫正机构报到，并向社区矫正机构送达了刑事判决书、执行通知书，但未移送起诉书副本、社区矫正告知书、认罪认罚具结书等文书。

社区矫正法律文书补齐通知书

（存根）

（2021）××矫补通字第1号

社区矫正对象林某某，身份证号码××××××××××××××××××，2021年3月8日经××人民法院宣告缓刑。该社区矫正对象已于2021年3月19日到××××社区矫正机构报到。经查，相关法律文书不齐全，根据《中华人民共和国社区矫正法》第二十条之规定，请于5日内补齐起诉书副本、社区矫正告知书、认罪认罚具结书等相关法律文书。

发往机关××人民法院

填发人×××

批准人×××

填发日期××××年××月××日

社区矫正法律文书补齐通知书

（存根）

（2021）××矫补通字第1号

××人民法院：

你单位2021年3月8日宣告缓刑的社区矫正对象林某某，身份证号码××××××××××××××××××，已于2021年3月19日到××××社区矫正机构报到。经查，相关法律文书不齐全，根据《中华人民共和国社区矫正法》第二十条之规定，请于5日内补齐起诉书副本、社区矫正告知书、认罪认罚具结书等相关法律文书。

联系人：××× 联系电话：×××××××××××

××社区矫正机构（公章）

××××年××月××日

制作说明：

1. 本文书根据《中华人民共和国社区矫正法》第二十条、第二十一条、第二十二条以及“两高两部”《中华人民共和国社区矫正法实施办法》第十六条的规定制作，用于在社区矫正对象报到时，社区矫正机构未收到法律文书或者法律文书不齐全，需要通知社区矫正决定机关在五日内送达或者补齐法律文书。

2. 文书字号由年度、社区矫正机构代字、类型代字、文书编号组成，使用阿拉伯数字，例“（2020）××矫补通字第1号”。存根和通知书应加盖骑缝章，存根存档，通知书送社区矫正决定机关。

3. “________报到”应填写对社区矫正对象办理接收登记的社区矫正机构。

（三）注意与提示

1. 社区矫正对象前来报到时，社区矫正机构未收到法律文书或法律文书不齐全的，应当对社区矫正对象的报到情况先行做好书面记录，为其办理登记接收手续，防止漏管情形发生。

2. 核对法律文书时，经核对发现法律文书尤其是直接影响社区矫正执行期限等文书可能错误的，应当及时同社区矫正决定机关进行沟通确认，确有错误的由社区矫正决定机关重新制发，以保障社区矫正依法进行，维护社区矫正对象合法权益。

3. 对于社区矫正决定地与执行地不在同一地方的，社区矫正机构依法转送法律文书。做好社区矫正工作需要公检法司等部门相互配合，共同开展工作。依法转送相关法律文书，以助检察机关依法开展法律监督、公安机关依法履职做好治安防控等。

三、社区矫正法律文书补齐通知书应用环节的实体要求

（一）时限要求

社区矫正决定机关应当自判决、裁定或者决定生效之日起五日内通知执行地县级社区矫正机构，并在十日内将判决书、裁定书、决定书、执行通知书等法律文书送达执行地县级社区矫正机构，同时抄送人民检察院和执行地公安机关。社区矫正决定地与执行地不在同一地方的，由执行地社区矫正机构将法律文书转送所在地的人民检察院、公安机关。

收到法律文书后，社区矫正机构应当在五日内送达回执。

（二）内容要求

1. 人民法院送达管制、缓刑罪犯的法律文书和相关材料包括：

刑事判决书、执行通知书、结案登记表、起诉书副本、接受社区矫正保证书、社区矫正告知书、送达回执以及关于居住地核实和确定执行地相关材料等。委托社会组织开展调查评估的随卷附调查评估材料。适用认罪认罚从宽制度的案件，随卷附认罪认罚具结书。

2. 看守所、监狱送达假释罪犯的法律文书和相关材料包括：假释裁定书、刑事判决书、起诉书副本、假释证明书、假释通知书、历次减刑的裁定书复印件、出监所鉴定表或改造表现鉴定材料、接受社区矫正保证书、社区矫正告知书、送达回执、关于居住地核实和确定执行地相关材料等。委托社会组织开展调查评估的还应随卷附调查评估材料。

3. 人民法院决定暂予监外执行的送达法律文书和相关材料包括：暂予监外执行决定书、执行通知书、罪犯病情诊断书或者罪犯生活不能自理鉴别书及相关病历材料、暂予监外执行具保书、刑事判决书、起诉书副本、结案登记表、接受社区矫正保证书、送达回执，以及居住地核实、确定执行地相关材料等。

4. 监狱管理机关、公安机关批准暂予监外执行的送达法律文书和相关材料包括：暂予监外执行决定书或通知书、暂予监外执行审批表、罪犯病情诊断书或者罪犯生活不能自理鉴别书及相关病历材料、暂予监外执行具保书、刑事判决书、起诉书副本、历次减刑裁定书、出监所鉴定表或者改造表现鉴定材料、接受社区矫正保证书、送达回执，以及居住地核实、确定执行地相关材料等。

（三）接收要求

社区矫正机构应当依法接收社区矫正对象。实践中一些地方的社区矫正机构接收入矫标准不统一，有的地方是“见人”即接收，有的地方是“见档”即接收，有的是“见人见档”才接收，有的不愿接收，如对流动人口、跨省异地交付就存在拒收的情况。此次，《中华人民共和国社区矫正法》第十七条明确规定了社区矫正决定机关判处管制、宣告缓刑、裁定假释、决定或批准暂予监外执行时应当确定社区矫正执行地。因此，社区矫正决定机关确定执行地后，社区矫正机构应当依法接收，不得推诿。

四、社区矫正法律文书补齐通知书应用环节的程序要求

社区矫正机构接收社区矫正对象时，应当核对法律文书、核对身份、办理接收登记手续。

（一）准备工作

接到社区矫正决定机关有关通知后，社区矫正机构应做好接收准备工作，并将有关事项告知拟负责承担社区矫正相关工作的司法所。

（二）核对文书

1. 收到社区矫正决定机关法律文书后，要认真核对登记，在五日内送达回执。

2. 发现法律文书缺项的，应及时通知社区矫正决定机关在五日内送达或补齐法律文书。

3. 对于社区矫正决定地与执行地不在同一地方，需要由社区矫正机构转送法律文书的，若社区矫正决定未送达需要转送的法律文书，社区矫正机构亦应当及时通知社区矫正决定机关送达或补齐。

（三）核对身份

1. 社区矫正对象在规定时限内报到的，社区矫正机构应当对照已收到的法律文书核对其身份，保证是社区矫正对象本人前来报到和接受社区矫正。

2. 对没有收到相关法律文书或者法律文书不齐全，而社区矫正对象已经前来报到的，应先记录在案，为其办理登记接收手续。

3. 社区矫正机构先行收到文书的，亦可以及时联系、通知社区矫正对象报到。

（四）登记接收

社区矫正机构接收社区矫正对象后应当及时办理登记接收手续。办理完登记接收手续后，告知社区矫正对象到指定的司法所接受社区矫正并通知司法所。

五、社区矫正法律文书补齐通知书法律依据

《中华人民共和国社区矫正法》

第十七条 社区矫正决定机关判处管制、宣告缓刑、裁定假释、决定或者批准暂予监外执行时应当确定社区矫正执行地。

社区矫正执行地为社区矫正对象的居住地。社区矫正对象在多个地方居住的，可以确定经常居住地为执行地。

社区矫正对象的居住地、经常居住地无法确定或者不适宜执行社区矫正的，社区矫正决定机关应当根据有利于社区矫正对象接受矫正、更好地融入社会的原则，确定执行地。

本法所称社区矫正决定机关，是指依法判处管制、宣告缓刑、裁定假释、决定暂予监外执行的人民法院和依法批准暂予监外执行的监狱管理机关、公安机关。

第二十条 社区矫正决定机关应当自判决、裁定或者决定生效之日起五日内通知执行地社区矫正机构，并在十日内送达有关法律文书，同时抄送人民检察院和执行地公安机关。社区矫正决定地与执行地不在同一地方的，由执行地社区矫正机构将法律文书转送所在地的人民检察院、公安机关。

第二十一条 人民法院判处管制、宣告缓刑、裁定假释的社区矫正对象，应当自判决、裁定生效之日起十日内到执行地社区矫正机构报到。

人民法院决定暂予监外执行的社区矫正对象，由看守所或者执行取保候审、监视居住的公安机关自收到决定之日起十日内将社区矫正对象移送社区矫正机构。

监狱管理机关、公安机关批准暂予监外执行的社区矫正对象，由监狱或者看守所自收到批准决定之日起十日内将社区矫正对象移送社区矫正机构。

第二十二条 社区矫正机构应当依法接收社区矫正对象，核对法律文书、核实身份、办理接收登记、建立档案，并宣告社区矫正对象的犯罪事实、执行社区矫正的期限以及应当遵守的规定。

《中华人民共和国社区矫正法实施办法》

第十六条 社区矫正决定机关应当自判决、裁定或者决定生效之日起五日内通知执行地县级社区矫正机构，并在十日内将判决书、裁定书、决定书、执行通知书等法律文书送达执行地县级社区矫正机构，同时抄送人民检察院。收到法律文书后，社区矫正机构应当在五日内送达回执。

社区矫正对象前来报到时，执行地县级社区矫正机构未收到法律文书或者法律文书不齐全，应当先记录在案，为其办理登记接收手续，并通知社区矫正决定机关在五日内送达或者补齐法律文书。

第三章

社区矫正对象基本信息表

一、社区矫正对象基本信息表的概念及作用

社区矫正对象基本信息表是社区矫正对象报到时，由社区矫正机构根据相关法律文书，经询问核实后记录社区矫正对象基本信息的表格。该表格包括社区矫正对象的姓名、性别、民族、出生年月、文化程度、健康状况、原政治面貌、婚姻状况、户籍地、居住地、执行地、现工作单位、联系电话、罪名、刑种、原判刑期、社区矫正决定机关、原羁押场所、禁止令内容、矫正类别、矫正期限、法律文书收到时间及种类、接收方式及报到时间、报到情况、主要犯罪事实、本次犯罪前的违法犯罪记录、个人简历以及家庭成员及主要社会关系等信息。

社区矫正对象包括被判处管制、宣告缓刑、裁定假释、决定或者批准暂予监外执行的罪犯。依法接收入矫既是一项涉及决定机关、社区矫正对象、社区矫正机构等相关单位和人员的衔接程序，也是社区矫正对象依法接受社区矫正的第一步。做好接收入矫工作，有利于维护刑事执行工作的严肃性，有利于强化社区矫正对象

的身份意识，也有利于社区矫正机构第一时间掌握社区矫正对象相关情况，为社区矫正具体实施打好基础。

二、社区矫正对象基本信息表的文书制作

（一）文书样本

社区矫正对象基本信息表

单位：县（市、区、旗）社区矫正机构（公章）　编号：　填表日期：

<table>
<tr><td>姓名</td><td></td><td>曾用名</td><td></td><td>身份证号码</td><td colspan="3"></td><td rowspan="3">一寸免冠照片</td></tr>
<tr><td>性别</td><td></td><td>民族</td><td></td><td>出生年月日</td><td colspan="3"></td></tr>
<tr><td>文化程度</td><td></td><td>健康状况</td><td></td><td>原政治面貌</td><td></td><td>婚姻状况</td><td></td></tr>
<tr><td colspan="2">户籍地</td><td colspan="7"></td></tr>
<tr><td colspan="2">居住地</td><td colspan="7"></td></tr>
<tr><td colspan="2">执行地</td><td colspan="7"></td></tr>
<tr><td colspan="2">现工作单位（学校）</td><td colspan="4"></td><td>联系电话</td><td colspan="2"></td></tr>
<tr><td colspan="2">个人联系电话</td><td colspan="7"></td></tr>
<tr><td>罪名</td><td colspan="2"></td><td>刑种</td><td colspan="2"></td><td>原判刑期</td><td colspan="2"></td></tr>
<tr><td>社区矫正决定机关</td><td colspan="3"></td><td colspan="2">原羁押场所</td><td colspan="3"></td></tr>
</table>

续表

<table>
<tr><td>禁止令内容</td><td colspan="4"></td><td colspan="3">禁止期限起止日</td><td colspan="2"></td></tr>
<tr><td>附加刑判项内容</td><td colspan="9"></td></tr>
<tr><td>矫正类别</td><td colspan="2"></td><td colspan="4">矫正期限</td><td></td><td>起止日</td><td></td></tr>
<tr><td>法律文书收到时间及种类</td><td colspan="7"></td><td>接收方式及报到时间</td><td></td></tr>
<tr><td>在规定时间内报到</td><td></td><td colspan="2">超出规定时限报到</td><td colspan="2"></td><td colspan="2">未报到且下落不明</td><td colspan="2"></td></tr>
<tr><td>主要犯罪事实</td><td colspan="9"></td></tr>
<tr><td>本次犯罪前的违法犯罪记录</td><td colspan="9"></td></tr>
<tr><td rowspan="5">个人简历</td><td colspan="3">起止时间</td><td colspan="5">所在单位</td><td>职务</td></tr>
<tr><td colspan="3"></td><td colspan="5"></td><td></td></tr>
<tr><td colspan="3"></td><td colspan="5"></td><td></td></tr>
<tr><td colspan="3"></td><td colspan="5"></td><td></td></tr>
<tr><td colspan="3"></td><td colspan="5"></td><td></td></tr>
</table>

续表

<table>
<tr><td rowspan="5">家庭成员及主要社会关系</td><td>姓名</td><td>关系</td><td>工作单位或家庭地址</td><td>联系电话</td></tr>
<tr><td></td><td></td><td></td><td></td></tr>
<tr><td></td><td></td><td></td><td></td></tr>
<tr><td></td><td></td><td></td><td></td></tr>
<tr><td></td><td></td><td></td><td></td></tr>
<tr><td>备注</td><td colspan="4"></td></tr>
</table>

注：办理接收手续（执行地变更）后，此表抄报执行地公安（分）局。

（二）填写范例与制作说明

案例：社区矫正对象王某，男，1990 年 8 月 1 日出生，因犯交通肇事罪被人民法院判处有期徒刑一年，缓刑一年。判决生效后，法院依法向社区矫正机构送达法律文书，并告知王某到社区矫正机构报到。王某按时报到，社区矫正机构对其登记接收。

社区矫正对象基本信息表

单位：××区社区矫正机构（公章）编号：007 填表日期：2020 年 8 月 1 日

<table>
<tr><td>姓名</td><td>王某</td><td>曾用名</td><td>王某某</td><td>身份证号码</td><td colspan="3">××××××××××××××××××</td><td rowspan="3">一寸免冠照片</td></tr>
<tr><td>性别</td><td>男</td><td>民族</td><td>汉</td><td>出生年月日</td><td colspan="3">1990 年 8 月 1 日</td></tr>
<tr><td>文化程度</td><td>高中</td><td>健康状况</td><td>良好</td><td>原政治面貌</td><td>党员</td><td>婚姻状况</td><td>已婚</td></tr>
<tr><td colspan="2">户籍地</td><td colspan="7">××省××市××区××街××小区××号楼×单元×××号</td></tr>
<tr><td colspan="2">居住地</td><td colspan="7">××省××市××区××街××小区××号楼×单元×××号</td></tr>
</table>

续表

<table>
<tr><td colspan="2">执行地</td><td colspan="9">××省××市××区</td></tr>
<tr><td colspan="2">现工作单位（学校）</td><td colspan="7">××公司</td><td>联系电话</td><td>×××—×××××××××</td></tr>
<tr><td colspan="2">个人联系电话</td><td colspan="9">×××××××××××</td></tr>
<tr><td>罪名</td><td colspan="3">交通肇事罪</td><td colspan="2">刑种</td><td colspan="3">有期徒刑</td><td>原判刑期</td><td>有期徒刑一年</td></tr>
<tr><td>社区矫正决定机关</td><td colspan="5">××区××人民法院</td><td colspan="3">原羁押场所</td><td colspan="2">×××看守所</td></tr>
<tr><td>禁止令内容</td><td colspan="5">无</td><td colspan="3">禁止期限起止日</td><td colspan="2">无</td></tr>
<tr><td>附加刑判项内容</td><td colspan="10">无</td></tr>
<tr><td>矫正类别</td><td colspan="3">缓刑</td><td colspan="4">矫正期限</td><td>一年</td><td>起止日</td><td>××年××月××日—××年××月××日</td></tr>
<tr><td>法律文书收到时间及种类</td><td colspan="8">××年××月××日收到刑事判决书、起诉书（副本）、执行通知书、结案登记表、认罪认罚具结书、确定执行地相关材料、调查评估材料、接受社区矫正保证书、社区矫正告知书等</td><td>接收方式及报到时间</td><td>××年××月××日，王某自行报到</td></tr>
<tr><td>在规定时间内报到</td><td colspan="2">是</td><td colspan="2">超出规定时限报到</td><td colspan="2">否</td><td colspan="2">未报到且下落不明</td><td colspan="2">否</td></tr>
<tr><td>主要犯罪事实</td><td colspan="10">××年××月××日，王某驾驶车辆与被害人赵某某相撞，致赵某某死亡。经鉴定，王某负事故全部责任。</td></tr>
</table>

续表

<table>
<tr><td>本次犯罪前的违法犯罪记录</td><td colspan="4">无</td></tr>
<tr><td rowspan="3">个人简历</td><td colspan="2">起止时间</td><td>所在单位</td><td>职务</td></tr>
<tr><td colspan="2">××年××月××日—××年××月××日</td><td>××公司</td><td>经理</td></tr>
<tr><td colspan="2">××年××月××日—××年××月××日</td><td>××中学</td><td>学生</td></tr>
<tr><td rowspan="5">家庭成员及主要社会关系</td><td>姓名</td><td>关系</td><td>工作单位或家庭地址</td><td>联系电话</td></tr>
<tr><td>×××</td><td>父子</td><td>××省××市××区××街××小区××号楼×单元×××号</td><td>×××××××××××</td></tr>
<tr><td>×××</td><td>母子</td><td>××省××市××区××街××小区××号楼×单元×××号</td><td>×××××××××××</td></tr>
<tr><td>×××</td><td>夫妻</td><td>××省××市××区××街××小区××号楼×单元×××号</td><td>×××××××××××</td></tr>
<tr><td></td><td></td><td></td><td></td></tr>
<tr><td>备注</td><td colspan="4"></td></tr>
</table>

制作说明：

1. 本文书根据《中华人民共和国社区矫正法》第二十二条以及“两高两部”《中华人民共和国社区矫正法实施办法》第十七条的规定制作。

2. “户籍地”以居民身份证、户籍证明为准，“居住地”应填写社区矫正对象具体住所，“执行地”应填写执行社区矫正的区、县。

3. 该文书由执行地县级社区矫正机构在社区矫正对象报到时填写，一式两份，执行地县级社区矫正机构存档，抄送执行地县级公安机关一份。委托司法所进行管理的，可复印一份送司法所。

4. 社区矫正对象执行地变更的，新执行地县社区矫正机构应重新填写此表，并与执行地变更的其他法律文书一并抄送新执行地县级公安机关。

（三）注意与提示

1. 个人联系电话：社区矫正对象有多个联系电话的，要登记全面，便于日后的监管和查找。

2. 禁止令内容：人民法院裁判文书中明确禁止从事特定活动，进入特定区域、场所，接触特定的人的，在填写基本信息表时应严格按照人民法院刑事判决、裁定认定的内容及期限进行填写。

3. 附加刑判项内容：严格按照人民法院刑事判决、裁定认定的内容填写，对于罚金刑要了解执行情况以便日后提请减刑时予以准确认定；对于附加剥夺政治权利的，写明判决时及历次减刑后的刑期期限。

4. 矫正期限及起止日：应按照决定机关送达的有关法律文书、执行通知书认定的期限进行填写，发现执行文书有误的应及时同决定机关进行联系，保障刑事执行依法进行，维护社区矫正对象的合法权益。

5. 法律文书收到时间及种类：应写明收到决定机关法律文书的时间及收到文书的种类。对于法律文书不齐全的，应当先记录在案，为社区矫正对象办理登记接收手续，并通知决定机关补齐法律文书。

6. 超出规定时限报到：查明未按时报到的原因并做好记录，对因无正当理由不按规定时间报到的，应据具体情形给予相应社区矫正处罚。

三、社区矫正对象基本信息表应用环节的实体要求

（一）登记接收

社区矫正机构接收社区矫正对象时应当核对法律文书、核实身份、办理接收登记、建立档案。社区矫正对象的接收是标志社区矫正开始的重要环节，是确保社区矫正依法开始，避免漏管情形发生的一项基础性工作。

（二）建立档案

1. 社区矫正机构建立社区矫正档案

社区矫正机构接收社区矫正对象后，应当建立社区矫正档案，包括以下内容：

（1）适用社区矫正的法律文书；

（2）接收、监管审批、奖惩、收监执行、解除矫正、终止矫正等有关社区矫正执行活动的法律文书；

（3）进行社区矫正的工作记录；

（4）社区矫正对象接受社区矫正的其他相关材料。

2. 受委托司法所建立社区矫正工作档案

接受委托对社区矫正对象进行日常管理的司法所应当建立工作

档案。工作档案中包括社区矫正档案相关文书材料副本、司法所和矫正小组开展社区矫正工作记录、社区矫正对象接受社区矫正的相关材料等。

四、社区矫正对象基本信息表应用环节的程序要求

（一）决定机关履行教育告知义务

社区矫正决定机关判处管制、宣告缓刑、裁定假释、决定或批准暂予监外执行，应当按照刑法、刑事诉讼法等法律规定的条件和程序进行。

社区矫正决定机关应当对社区矫正对象进行教育，书面告知其到执行地县级社区矫正机构报到的时间期限以及逾期报到或未报到的后果，责令其按期报到。

（二）社区矫正对象按时报到

1. 被判处管制、宣告缓刑、裁定假释的社区矫正对象，应当自判决、裁定生效之日起十日内，凭社区矫正告知书、生效判决书、假释裁定书、有效身份证明等，到执行地社区矫正机构报到。

2. 人民法院决定暂予监外执行的社区矫正对象，由看守所或者执行取保候审、监视居住的公安机关自收到决定之日起十日内将社区矫正对象移送社区矫正机构。

3. 监狱管理机关、公安机关批准暂予监外执行的社区矫正对象，由监狱或者看守所自收到批准决定之日起十日内将社区矫正对象移送社区矫正机构。

4. 暂予监外执行的社区矫正对象，原服刑地与居住地不在同一省、自治区、直辖市，需要回居住地暂予监外执行的，原服刑地的省级以上监狱管理机关或者设区的市一级以上公安机关应当书

面通知罪犯居住地的监狱管理机关、公安机关，由其指定一所监狱、看守所接收社区矫正对象档案，负责办理其收监、刑满释放等手续。

（三）社区矫正机构依法接收

1. 被判处管制、宣告缓刑、裁定假释的社区矫正对象报到时，执行地社区矫正机构应当核对法律文书、核实身份，办理登记接收手续。

2. 对社区矫正对象存在因行动不便、自行报到确有困难等特殊情况的，社区矫正机构可以派员到其居住地等场所办理登记接收手续。

3. 执行地社区矫正机构收到法律文书后，发现社区矫正对象未按规定时限报到的，应当立即组织查找，并向社区矫正对象的家属、监护人或直系亲属书面告知社区矫正对象未按规定时间报到的情况及后果。查找不到的，应当及时书面通知公安机关协助查找。公安机关应当采取必要措施进行查找，并将查找到的社区矫正对象的下落信息及时通知执行地社区矫正机构。执行地社区矫正机构应当及时将有关情况书面通报社区矫正决定机关、执行地同级人民检察院；被裁定假释的，还应当同时抄送原服刑的监狱、看守所。

五、社区矫正对象基本信息表法律依据

《中华人民共和国社区矫正法》

第二条 对被判处管制、宣告缓刑、假释和暂予监外执行的罪犯，依法实行社区矫正。

对社区矫正对象的监督管理、教育帮扶等活动，适用本法。

第四条 社区矫正对象应当依法接受社区矫正，服从监督管理。

社区矫正工作应当依法进行，尊重和保障人权。社区矫正对象依法享有的人身权利、财产权利和其他权利不受侵犯，在就业、就学和享受社会保障等方面不受歧视。

第十九条 社区矫正决定机关判处管制、宣告缓刑、裁定假释、决定或者批准暂予监外执行，应当按照刑法、刑事诉讼法等法律规定的条件和程序进行。

社区矫正决定机关应当对社区矫正对象进行教育，告知其在社区矫正期间应当遵守的规定以及违反规定的法律后果，责令其按时报到。

第二十一条 人民法院判处管制、宣告缓刑、裁定假释的社区矫正对象，应当自判决、裁定生效之日起十日内到执行地社区矫正机构报到。

人民法院决定暂予监外执行的社区矫正对象，由看守所或者执行取保候审、监视居住的公安机关自收到决定之日起十日内将社区矫正对象移送社区矫正机构。

监狱管理机关、公安机关批准暂予监外执行的社区矫正对象，由监狱或者看守所自收到批准决定之日起十日内将社区矫正对象移送社区矫正机构。

第二十二条 社区矫正机构应当依法接收社区矫正对象，核对法律文书、核实身份、办理接收登记、建立档案，并宣告社区矫正对象的犯罪事实、执行社区矫正的期限以及应当遵守的规定。

《中华人民共和国社区矫正法实施办法》

第十五条 社区矫正决定机关应当对社区矫正对象进行教育，书面告知其到执行地县级社区矫正机构报到的时间期限以及逾期报到或者未报到的后果，责令其按时报到。

第十七条 被判处管制、宣告缓刑、裁定假释的社区矫正对象到执行地县级社区矫正机构报到时，社区矫正机构应当核对法律文书、核实身份，办理登记接收手续。对社区矫正对象存在因行动不便、自行报到确有困难等特殊情况的，社区矫正机构可以派员到其居住地等场所办理登记接收手续。

暂予监外执行的社区矫正对象，由公安机关、监狱或者看守所依法移送至执行地县级社区矫正机构，办理交付接收手续。罪犯原服刑地与居住地不在同一省、自治区、直辖市，需要回居住地暂予监外执行的，原服刑地的省级以上监狱管理机关或者设区的市一级以上公安机关应当书面通知罪犯居住地的监狱管理机关、公安机关，由其指定一所监狱、看守所接收社区矫正对象档案，负责办理其收监、刑满释放等手续。对看守所留所服刑罪犯暂予监外执行，原服刑地与居住地在同一省、自治区、直辖市的，可以不移交档案。

第十八条 执行地县级社区矫正机构接收社区矫正对象后，应当建立社区矫正档案，包括以下内容：

（一）适用社区矫正的法律文书；

（二）接收、监管审批、奖惩、收监执行、解除矫正、终止矫正等有关社区矫正执行活动的法律文书；

（三）进行社区矫正的工作记录；

（四）社区矫正对象接受社区矫正的其他相关材料。

接受委托对社区矫正对象进行日常管理的司法所应当建立工作档案。

第四章

社区矫正宣告书

一、社区矫正宣告书的概念及作用

社区矫正宣告书是指社区矫正机构接收社区矫正对象后，组织或者委托司法所向社区矫正对象宣告其犯罪事实、执行社区矫正的期限以及应当遵守的规定等内容形成的法律文书。

入矫宣告既是社区矫正机构或司法所对社区矫正对象实施社区矫正的第一个环节，也是社区矫正对象接受社区矫正的“第一课”。通过规范实施入矫宣告，一方面能够体现社区矫正刑事执行工作的严肃性，增强社区矫正对象在矫正期间严格遵守各项管理规定的意识，强化其身份意识，使其能够自觉接受社区矫正；另一方面有利于保障社区矫正对象的合法权益，明确矫正小组成员的职责任务，提升社区矫正的实施效果。

二、社区矫正宣告书的文书制作

（一）文书样本

社区矫正宣告书

社区矫正对象________：

你因犯______________________罪经____________人民法院于______年____月____日判处____________________（同时宣告禁止________________）。______年____月____日经____________人民法院（监狱管理局、公安局）裁定假释（决定、批准暂予监外执行）。在管制（缓刑、假释、暂予监外执行）期间，依法实行社区矫正。社区矫正期限自______年____月____日起______年____月____日止。现就对你依法实施社区矫正的有关事项宣告如下：

一、在社区矫正期间应当遵守法律、行政法规，履行法律文书确定的义务，遵守关于报告、会客、外出、迁居、保外就医等监督管理规定，服从社区矫正机构的管理；按照规定参加社区矫正机构（受委托的司法所）组织的教育活动，参加公益活动。

二、如违反社区矫正监督管理规定，将视情节依法给予训诫、警告、提请公安机关予以治安管理处罚，或者依法提请撤销缓刑、撤销假释、收监执行。

三、依法享有的人身权利、财产权利和其他权利不受侵犯，在就业、就学和享受社会保障等方面不受歧视。

四、社区矫正机构（受委托的司法所）为你确立了社区矫正小组，小组成员由________________________________组成，协助对你进行监督管理、教育帮扶，你应积极配合。

特此宣告。

（公章）　　　年　月　日

社区矫正对象（签名）：

（二）填写范例与制作说明

案例：2020 年 7 月 13 日，李某某因犯寻衅滋事罪被人民法院判处有期徒刑一年，缓刑一年，同时宣告禁止李某某在缓刑考验期内进入夜总会、酒吧、迪厅、网吧等娱乐场所。判决生效后，李某某按时到社区矫正机构报到。社区矫正机构接收李某某后，为其确定了矫正小组，并对其组织入矫宣告。

社区矫正宣告书

社区矫正对象李某某：

你因犯寻衅滋事罪经××省××市××区人民法院于2020年7月13日判处有期徒刑一年、缓刑一年（同时宣告在缓刑考验期内禁止进入夜总会、酒吧、迪厅、网吧等娱乐场所）。在缓刑期间，依法实行社区矫正。社区矫正期限自2020年7月24日起至2021年7月23日止。现就对你依法实施社区矫正的有关事项宣告如下：

一、在社区矫正期间应当遵守法律、行政法规，履行法律文书确定的义务，遵守关于报告、会客、外出、迁居、保外就医等监督管理规定，服从社区矫正机构的管理；按照规定参加社区矫正机构（受委托的司法所）组织的教育活动，参加公益活动。

二、如违反社区矫正监督管理规定，将视情节依法给予训诫、警告、提请公安机关予以治安管理处罚，或者依法提请撤销缓刑、撤销假释、收监执行。

三、依法享有的人身权利、财产权利和其他权利不受侵犯，在就业、就学和享受社会保障等方面不受歧视。

四、社区矫正机构（受委托的司法所）为你确立了社区矫正小组，小组成员由司法所所长邹××、副所长李××、司法助理员郭×、矫正干警何×、矫正社会工作者江××、居委会干部史××、派出所民警马×以及李××丈夫方××组成，协助对你进行监督管理、教育帮扶，你应积极配合。

特此宣告。

（公章）2020年7月27日

社区矫正对象（签名）：李某某

制作说明：

1. 本文书根据《中华人民共和国社区矫正法》第二十二条以及“两高两部”《中华人民共和国社区矫正法实施办法》第二十条的规定制作。

2. 执行地县级社区矫正机构接收社区矫正对象后应当组织或者委托司法所组织入矫宣告。文书加盖公章，社区矫正对象签名后存档。

（三）注意与提示

1. 社区矫正作为刑事执行活动，在对社区矫正对象宣告时对判处刑罚建议全面宣告，包括判处的主刑、附加刑、禁止令等内容，使社区矫正对象明确认识到所处刑罚内容并严格遵守，以维护刑事执行的严肃性。

2. 该文书为制式模板，对于已过上诉抗诉期的一审生效判处管制、宣告缓刑可按照制式格式进行填写。对于二审生效裁判建议将两审情况宣告完整。

3. 矫正期限要严格按照法律文书认定的期间填写。对于发现法律文书认定期限有误的，要及时同社区矫正决定机关进行沟通改正。确保社区矫正期限准确，切实维护社区矫正对象的合法权益。社区矫正决定机关重新作出的，社区矫正机构或司法所应按照重新作出的法律文书认定的期限进行宣告。

4. 对于文书中规定的社区矫正期间应当履行的义务、享有的权利及违反监管规定的行为后果等内容，建议可在入矫宣告后的首次教育谈话时予以进一步明确，教育谈话等建议亦由社区矫正对象签字确认。

5. 在社区矫正期间，矫正小组成员发生变化的，社区矫正机构或司法所应将调整后的矫正小组人员组成情况向社区矫正对象补充宣告，文书加盖公章，社区矫正对象签名后存档。

6. 对未成年社区矫正对象的入矫宣告不公开进行。

三、社区矫正宣告书应用环节的实体要求

（一）入矫宣告内容

入矫宣告包括以下内容：

1. 判决书、裁定书、决定书、执行通知书等有关法律文书的主要内容；

2. 社区矫正期限；

3. 社区矫正对象应当遵守的规定、被剥夺或者限制行使的权利、被禁止的事项以及违反规定的法律后果；

4. 社区矫正对象依法享有的权利；

5. 矫正小组人员组成及职责；

6. 其他有关事项。

（二）矫正小组组成

矫正小组是指在社区矫正机构和司法所的指导下，组织动员与社区矫正对象有密切联系、最能了解和掌握其思想动态和矫正情况等社会力量，共同做好监督管理和教育帮扶工作的有效载体。

根据需要，矫正小组可以由司法所、居民委员会、村民委员会的人员，社区矫正对象的监护人、家庭成员，所在单位或者就读学校的人员以及社会工作者、志愿者等组成。但不限于上述人员，本着有利于开展教育管理的原则，还可以由参与社区矫正的监狱、戒毒警察，派出所民警，律师，有关部门，企业单位，社会组织、社会团体成员等组成。

社区矫正对象为女性的，矫正小组中应有女性成员。

未成年社区矫正对象的矫正小组应有熟悉未成年人身心特点的人员参加。

（三）矫正小组责任

社区矫正机构、受委托的司法所与矫正小组签订矫正责任书，明确矫正小组成员的责任和义务，负责落实矫正方案。

矫正小组成员主要开展下列工作：

1. 按照矫正方案，开展个案矫正工作；
2. 督促社区矫正对象遵纪守法，遵守社区矫正规定；
3. 参与对社区矫正对象的考核评议、宣告和教育等活动；
4. 对社区矫正对象走访谈话，了解其思想、工作和生活情况，及时向社区矫正机构或者司法所报告；
5. 协助对社区矫正对象进行监督管理和教育帮扶；
6. 协助社区矫正机构或者司法所开展其他工作。

四、社区矫正宣告书应用环节的程序要求

（一）入矫宣告时间

入矫宣告应在接收社区矫正对象后及时进行。社区矫正机构、司法所应当在社区矫正对象纳管后及时制订矫正方案，并根据分类管理的要求、实施效果和社区矫正对象的现实表现等情况做出适时调整。

（二）入矫宣告场所

社区矫正机构、司法所一般应当在规范化的宣告室进行入矫宣告。对于确有行动不便情况的社区矫正对象，可以采取上门宣告或约定场地宣告等方式进行。

（三）入矫宣告进行程序

1. 宣布宣告开始；
2. 宣布宣告纪律；
3. 告知参加宣告人员的姓名、工作单位、职务等；
4. 核实被宣告人的身份；
5. 宣读判决书、裁定书、决定书、执行通知书等法律文书的主要内容；
6. 宣读《社区矫正宣告书》等；
7. 被宣告人在宣告书上签名并确认宣告内容；
8. 对被宣告人进行入矫教育；
9. 宣布宣告仪式结束。

五、社区矫正宣告书法律依据

《中华人民共和国社区矫正法》

第二十二条 社区矫正机构应当依法接收社区矫正对象，核对法律文书、核实身份、办理接收登记、建立档案，并宣告社区矫正对象的犯罪事实、执行社区矫正的期限以及应当遵守的规定。

第二十四条 社区矫正机构应当根据裁判内容和社区矫正对象的性别、年龄、心理特点、健康状况、犯罪原因、犯罪类型、犯罪情节、悔罪表现等情况，制定有针对性的矫正方案，实现分类管理、个别化矫正。矫正方案应当根据社区矫正对象的表现等情况相应调整。

第二十五条 社区矫正机构应当根据社区矫正对象的情况，为其确定矫正小组，负责落实相应的矫正方案。

根据需要，矫正小组可以由司法所、居民委员会、村民委员会的人员，社区矫正对象的监护人、家庭成员，所在单位或者就读学校的人员以及社会工作者、志愿者等组成。社区矫正对象为女性的，矫正小组中应有女性成员。

第五十二条 社区矫正机构应当根据未成年社区矫正对象的年龄、心理特点、发育需要、成长经历、犯罪原因、家庭监护教育条件等情况，采取针对性的矫正措施。

社区矫正机构为未成年社区矫正对象确定矫正小组，应当吸收熟悉未成年人身心特点的人员参加。

对未成年人的社区矫正，应当与成年人分别进行。

《中华人民共和国社区矫正法实施办法》

第十九条 执行地县级社区矫正机构、受委托的司法所应当为社区矫正对象确定矫正小组，与矫正小组签订矫正责任书，明确矫正小组成员的责任和义务，负责落实矫正方案。

矫正小组主要开展下列工作：

（一）按照矫正方案，开展个案矫正工作；

（二）督促社区矫正对象遵纪守法，遵守社区矫正规定；

（三）参与对社区矫正对象的考核评议和教育活动；

（四）对社区矫正对象走访谈话，了解其思想、工作和生活情况，及时向社区矫正机构或者司法所报告；

（五）协助对社区矫正对象进行监督管理和教育帮扶；

（六）协助社区矫正机构或者司法所开展其他工作。

第二十条 执行地县级社区矫正机构接收社区矫正对象后，应当组织或者委托司法所组织入矫宣告。

入矫宣告包括以下内容：

（一）判决书、裁定书、决定书、执行通知书等有关法律文书的主要内容；

（二）社区矫正期限；

（三）社区矫正对象应当遵守的规定、被剥夺或者限制行使的权利、被禁止的事项以及违反规定的法律后果；

（四）社区矫正对象依法享有的权利；

（五）矫正小组人员组成及职责；

（六）其他有关事项。

宣告由社区矫正机构或者司法所的工作人员主持，矫正小组成员及其他相关人员到场，按照规定程序进行。宣告后，社区矫正对象应当在书面材料上签字，确认已经了解所宣告的内容。

第五十五条 社区矫正机构、受委托的司法所应当根据未成年社区矫正对象的年龄、心理特点、发育需要、成长经历、犯罪原因、家庭监护教育条件等情况，制定适应未成年人特点的矫正方案，采取有益于其身心健康发展、融入正常社会生活的矫正措施。

社区矫正机构、司法所对未成年社区矫正对象的相关信息应当保密。对未成年社区矫正对象的考核奖惩和宣告不公开进行。对未成年社区矫正对象进行宣告或者处罚时，应通知其监护人到场。

社区矫正机构、司法所应当选任熟悉未成年人身心特点，具有法律、教育、心理等专业知识的人员负责未成年人社区矫正工作，并通过加强培训、管理，提高专业化水平。

第五章

社区矫正对象进入特定区域场所审批表及审批告知书

一、社区矫正对象进入特定区域场所文书的概念及作用

社区矫正对象进入特定区域场所相关文书有社区矫正对象进入特定区域场所审批表、社区矫正事项审批告知书两个文书。

社区矫正对象进入特定区域场所审批表是对社区矫正对象确需进入应当经批准才能进入的特定区域或者场所的法律文书。社区矫正对象进入特定区域场所审批表包含社区矫正对象的基本信息、事实及依据，以及司法所、各级社区矫正机构的意见等内容。

社区矫正事项审批告知书是用于社区矫正对象申请进入特定区域场所事项是否批准，书面告知审批结果的文书，包括申请事项、审批结果、进行活动时应遵守的要求等内容。

社区矫正对象被禁止进入特定区域或者场所是根据法院作出的禁止令的判决。禁止令具有强制性法律效力，因此，在对禁止令明确禁止进入特定区域或者场所，但社区矫正对象确需进入时，社区矫正机构在审批的过程中必须严格核查事实依据，确保理由充分、依据准确、程序规范。

二、社区矫正对象进入特定区域场所审批表相关文书的制作

（一）社区矫正对象进入特定区域场所审批表样本、范例与制作说明

1. 文书样本

社区矫正对象进入特定区域场所审批表

<table>
<tr><td>姓名</td><td></td><td>性别</td><td></td><td>身份证
号码</td><td colspan="2"></td></tr>
<tr><td>户籍地</td><td colspan="3"></td><td>执行地</td><td colspan="2"></td></tr>
<tr><td>罪名</td><td></td><td colspan="2">原判刑罚</td><td></td><td>附加刑</td><td></td></tr>
<tr><td>禁止令
内容</td><td colspan="3"></td><td>禁止期限
起止日</td><td colspan="2">自　年　月　日
至　年　月　日</td></tr>
<tr><td>矫正
类别</td><td></td><td>矫正
期限</td><td></td><td>起止日</td><td colspan="2">自　年　月　日
至　年　月　日</td></tr>
<tr><td>事由及依据</td><td colspan="6"></td></tr>
<tr><td>呈报单位
意见</td><td colspan="6">（公章）
年　月　日</td></tr>
<tr><td>县级社区
矫正机构
意见</td><td colspan="6">（公章）
年　月　日</td></tr>
<tr><td>地市社区
矫正机构
意见</td><td colspan="6">（公章）
年　月　日</td></tr>
</table>

续表

省级社区矫正机构意见	（公章） 年 月 日
备注	

注：抄送________人民法院、________人民检察院。

2. 填写范例与制作说明

案例：张某某，女，因犯寻衅滋事罪被人民法院判处有期徒刑七个月，缓刑一年，同时宣告在缓刑考验期内禁止进入夜总会、酒吧、迪厅、网吧等娱乐场所。在社区矫正期间，经社区矫正机构批准同被害人沟通，并在被害人要求下，张某某需进入酒吧，当场对被害人进行道歉并赔偿损失，以消除张某某犯罪造成的不良影响。对此，提请社区矫正机构审批。

社区矫正对象进入特定区域场所审批表

姓名	张某某	性别	女	身份证号码	××××××××× ×××××××××
户籍地	××省××市××区××街××小区××号楼×单元×××号			执行地	××省××市××区
罪名	寻衅滋事罪	原判刑罚		有期徒刑七个月	附加刑	无
禁止令内容	禁止进入夜总会、酒吧、迪厅、网吧等娱乐场所			禁止期限起止日	自 2020 年 7 月 31 日 至 2021 年 7 月 30 日

续表

<table>
<tr><td>矫正类别</td><td>缓刑</td><td>矫正期限</td><td>一年</td><td>起止日</td><td>自 2020 年 7 月 31 日
至 2021 年 7 月 30 日</td></tr>
<tr><td>事由及依据</td><td colspan="5">经与被害人沟通并在其强烈要求下，社区矫正对象张某某需要到达××省××市××区××酒吧现场，对被害人进行道歉并赔偿被害人损失，以消除张某某犯罪造成的不良影响。根据《中华人民共和国社区矫正法实施办法》第三十九条规定，拟批准社区矫正对象张某某于 2020 年 9 月 10 日下午 15∶00—16∶00 进入××省××市××区××酒吧。</td></tr>
<tr><td>呈报单位意见</td><td colspan="5">拟同意，报××省××市××区社区矫正机构审批
××司法所（公章）
××年××月××日</td></tr>
<tr><td>县级社区矫正机构意见</td><td colspan="5">同意
××市××区社区矫正机构（公章）
××年××月××日</td></tr>
<tr><td>备注</td><td colspan="5"></td></tr>
</table>

注：抄送××××人民法院、××××人民检察院。

制作说明：

（1）本文书根据《中华人民共和国社区矫正法》第二十三条以及“两高两部”《中华人民共和国社区矫正法实施办法》第二十四条、第三十九条的规定制作。用于社区矫正对象进入特定区域场所事项的审批，相关意见栏如不使用，可以删除。

（2）用于进入特定区域场所审批时，一式三份，除一份存档外，应当抄送原审人民法院和执行地县级人民检察院各一份。

（二）社区矫正事项审批告知书样本、范例与制作说明

1. 文书样本

社区矫正事项审批告知书

（　　）　　字第　　号

社区矫正对象__________：

你于_____年___月___日，因______________（事由）提出的_______________________申请，符合/不符合有关法律、法规和社区矫正监督管理规定情形，决定予以批准/不予批准______

____

____。

你在进行__________活动时，应注意遵守以下要求：____

____

____。

特此告知。

________（公章）

年　月　日

以上内容我已知晓。

社区矫正对象（签名）：

年　月　日

2. 填写范例与制作说明

案例： 张某某，女，因犯寻衅滋事罪被人民法院判处有期徒刑七个月，缓刑一年，同时宣告在缓刑考验期内禁止进入夜总会、酒吧、迪厅、网吧等娱乐场所。在社区矫正期间，经社区矫正机构批准同被害人沟通，并在被害人要求下，张某某需进入酒吧，当场对被害人进行道歉并赔偿损失，以消除张某某犯罪造成的不良

影响。现经社区矫正机构批准，同意张某某于2020年9月10日下午15∶00—16∶00进入××省××市××区××酒吧。

社区矫正事项审批告知书

（2020）××矫审告字第1号

社区矫正对象张某某：

你于××××年××月××日，因确有需要提出的进入××省××市××区××酒吧的申请，符合有关法律、法规和社区矫正监督管理规定情形，决定予以批准进入××省××市××区××酒吧。

你在进入××省××市××区××酒吧时，应注意遵守以下要求：1. 你应当于2020年9月10日下午15∶00—16∶00进入××省××市××区××酒吧，并严禁在其他时间出入该酒吧；2. 如未在规定时间进入××酒吧，社区矫正机构将视情节给予警告、提请治安管理处罚、加戴电子定位装置、提请撤销缓刑。

特此告知。

××区社区矫正机构（公章）

××××年××月××日

以上内容我已知晓。

社区矫正对象（签名）：张某某

××××年××月××日

制作说明：

（1）本文书根据《中华人民共和国社区矫正法》第二十三条以及“两高两部”《中华人民共和国社区矫正法实施办法》第二十四条、第三十九条等规定制作。用于社区矫正对象申请事项是否批准的告知，对进入特定区域场所事项的申请，应当书面告知审批结果，同时告知社区矫正对象进行审批事项活动时应遵守的相关要求。

（2）文书字号由年度、社区矫正机构代字、类型代字、文书编号组成，使用阿拉伯数字，例“（2020）××矫审告字第1号”。该告知书一式两份，加盖公章，社区矫正对象签名后存档一份，送社区矫正对象一份。

（三）注意与提示

1. 对于确需进入特定区域或场所等情况，应要求社区矫正对象说明情况并提供相应证明材料，社区矫正机构应通过书面审查、询问本人、同行人、需接触人、特定区域或场所负责人等多种方式进行核实，申请事由合法属实的依程序进行审批，并通知原审人民法院和执行地县级人民检察院。

2. 批准进入特定区域或场所的，社区矫正机构应当落实好对社区矫正对象的教育谈话等工作，明确告知进入的地点、期限以及违反相关规定的后果。

3. 社区矫正机构可采取通信联络、信息化核查等方式对社区矫正对象进入特定区域或场所的情况进行监管核查。

三、社区矫正对象进入特定区域场所审批表应用环节的实体要求

（一）禁止令概念

禁止令是人民法院根据犯罪分子的犯罪原因、犯罪性质、犯罪手段、犯罪后的悔罪表现、个人一贯表现等情况，充分考虑与犯罪分子所犯罪行的关联程度，有针对性地决定禁止其在管制期间或缓刑考验期内“从事特定活动、进入特定区域、场所，接触特定的人”的一项或几项内容。

（二）禁止令的执行

1. 社区矫正机构、司法所是社区矫正对象在管制期间、缓刑考验期内执行禁止令的主体。同时，根据执行禁止令的需要，社区矫正机构、司法所可以协调有关的部门、单位、场所、个人协助配合执行禁止令。

2. 社区矫正机构、司法所应当于社区矫正对象报到、入矫宣告、日常报告时向其告知禁止令内容，以及违反禁止令的法律后果。

3. 社区矫正对象应当定期以口头及书面的形式向社区矫正机构、司法所报告其遵守禁止令的情况。

（三）违反禁止令的处置

社区矫正机构发现社区矫正对象有违反人民法院禁止令情形的，应当立即制止，并调查核实情况，收集有关证据材料，提出处理意见；制止无效的，应当立即通知公安机关到场处置。

（四）社区矫正对象违反禁止令的法律后果

1. 给予训诫。社区矫正对象违反关于报告遵守禁止令情况规定，情节轻微的，社区矫正机构应当给予训诫。

2. 给予警告。社区矫正对象违反人民法院禁止令，情节轻微的，社区矫正机构应当给予警告。

3. 提请治安管理处罚。社区矫正对象违反人民法院禁止令，依法应予治安管理处罚的，社区矫正机构应当及时提请同级公安机关依法给予处罚，并向执行地同级人民检察院抄送治安管理处罚建议书副本，及时通知处理结果。

4. 加戴电子定位装置。社区矫正对象违反人民法院禁止令的，经县级司法行政部门负责人批准，可以使用电子定位装置，加强监督管理。

5. 提请撤销缓刑。社区矫正对象在缓刑考验期内违反禁止令且情节严重的，由执行地同级社区矫正机构提出撤销缓刑建议。

四、社区矫正对象进入特定区域场所审批表应用环节的程序要求

（一）提出申请

1. 社区矫正对象应当提前向司法所提交书面申请。

2. 社区矫正对象应当针对其确需进入特定区域和场所的情况，提供相应证明材料。

（二）审核上报

1. 司法所应当针对社区矫正对象确需进入特定区域和场所的情况，开展谈话，并做好谈话记录。

2. 司法所收到社区矫正对象的书面申请和相应证明材料后，应当进行审核并填写《社区矫正对象进入特定区域场所审批表》。

3. 司法所审核完毕并签署意见后，应当向社区矫正机构上报《社区矫正对象进入特定区域场所审批表》并附书面申请及相应证明材料。

（三）审批告知

1. 社区矫正机构收到申请后，应当对相关材料进行审查与核实。

2. 社区矫正机构应当根据审查核实情况，作出是否批准的决定。

3. 经审核，社区矫正机构不予批准的，应当在决定作出后及时告知社区矫正对象。

4. 经审核，社区矫正机构予以批准的，应对社区矫正对象进行教育，提出要求。

五、社区矫正对象进入特定区域场所审批表法律依据

《中华人民共和国社区矫正法》

第二十三条 社区矫正对象在社区矫正期间应当遵守法律、行政法规，履行判决、裁定、暂予监外执行决定等法律文书确定的义务，遵守国务院司法行政部门关于报告、会客、外出、迁居、保外就医等监督管理规定，服从社区矫正机构的管理。

《中华人民共和国社区矫正法实施办法》

第三十五条 社区矫正对象具有下列情形之一的，执行地县级社区矫正机构应当给予警告：

（一）违反人民法院禁止令，情节轻微的；

（二）不按规定时间报到或者接受社区矫正期间脱离监管，超过十日的；

（三）违反关于报告、会客、外出、迁居等规定，情节较重的；

（四）保外就医的社区矫正对象无正当理由不按时提交病情复查情况，经教育仍不改正的；

（五）受到社区矫正机构两次训诫，仍不改正的；

（六）其他违反监督管理规定，情节较重的。

第三十六条 社区矫正对象违反监督管理规定或者人民法院禁止令，依法应予治安管理处罚的，执行地县级社区矫正机构应当及时提请同级公安机关依法给予处罚，并向执行地同级人民检察院抄送治安管理处罚建议书副本，及时通知处理结果。

第三十九条 社区矫正机构根据执行禁止令的需要，可以协调有关的部门、单位、场所、个人协助配合执行禁止令。

对禁止令确定需经批准才能进入的特定区域或者场所，社区矫正对象确需进入的，应当经执行地县级社区矫正机构批准，并通知原审人民法院和执行地县级人民检察院。

第四十条第一款 发现社区矫正对象有违反监督管理规定或者人民法院禁止令等违法情形的，执行地县级社区矫正机构应当调查核实情况，收集有关证据材料，提出处理意见。

第四十六条第一款 社区矫正对象在缓刑考验期内，有下列情形之一的，由执行地同级社区矫正机构提出撤销缓刑建议：

（一）违反禁止令，情节严重的；

（二）无正当理由不按规定时间报到或者接受社区矫正期间脱离监管，超过一个月的；

（三）因违反监督管理规定受到治安管理处罚，仍不改正的；

（四）受到社区矫正机构两次警告，仍不改正的；

（五）其他违反有关法律、行政法规和监督管理规定，情节严重的情形。

第六章

社区矫正对象会客、外出、经常性跨市县活动审批表及审批告知书

一、社区矫正对象会客、外出、经常性跨市县活动文书的概念及作用

社区矫正对象会客、外出、经常性跨市县活动相关文书有社区矫正对象会客、外出、经常性跨市县活动审批表和相应的社区矫正事项审批告知书。考虑到实践中社区矫正对象会客几无应用，经常性跨市县活动本质也是外出，因而本章着重于社区矫正对象外出、经常性跨市县活动文书的制作和应用。

社区矫正对象外出审批表是对社区矫正对象确有正当理由需要离开所居住市县报经社区矫正机构批准的法律文书。社区矫正对象外出审批表包含社区矫正对象基本信息、事实及依据以及司法所、各级社区矫正机构意见等内容。

社区矫正事项告知书是用于社区矫正对象申请外出（经常性跨市县活动）事项是否批准，书面告知审批结果的文书，包括申请事项、审批结果、进行活动时应遵守的要求等内容。

对于社区矫正对象有正当理由需要外出的，社区矫正机构应当

批准；对于社区矫正对象因正常工作和生活需要经常性跨市县活动的，社区矫正机构可以根据情况，简化批准程序和方式。

二、社区矫正对象会客、外出、经常性跨市县活动相关文书的制作

（一）社区矫正对象外出（经常性跨市县活动）审批表样本、范例与制作说明

1. 文书样本

社区矫正对象外出（经常性跨市县活动）审批表

<table>
<tr><td>姓名</td><td></td><td>性别</td><td></td><td>身份证
号码</td><td colspan="2"></td></tr>
<tr><td>户籍地</td><td colspan="3"></td><td>执行地</td><td colspan="2"></td></tr>
<tr><td>罪名</td><td></td><td colspan="2">原判刑罚</td><td></td><td>附加刑</td><td></td></tr>
<tr><td>禁止令
内容</td><td colspan="3"></td><td>禁止期限
起止日</td><td colspan="2">自　年　月　日
至　年　月　日</td></tr>
<tr><td>矫正
类别</td><td></td><td>矫正
期限</td><td></td><td>起止日</td><td colspan="2">自　年　月　日
至　年　月　日</td></tr>
<tr><td>事由及依据</td><td colspan="6"></td></tr>
<tr><td>呈报单位
意见</td><td colspan="6">（公章）
年　月　日</td></tr>
<tr><td>县级社区
矫正机构
意见</td><td colspan="6">（公章）
年　月　日</td></tr>
</table>

续表

地市社区矫正机构意见	（公章） 年　月　日
省级社区矫正机构意见	（公章） 年　月　日
备注	

2. 填写范例与制作说明

案例：李某某，男，因犯非法出售发票罪被人民法院判处拘役六个月，缓刑六个月。判决生效后，依法实施社区矫正。社区矫正期间，李某某配偶提出离婚诉讼请求。根据法院通知，李某某需离开社区矫正执行地前往法院应诉。李某某向司法所提出外出参与诉讼的书面申请，并提交了相关证明材料。

社区矫正对象外出审批表

姓名	李某某	性别	男	身份证号码	××××××××××××××××××
户籍地	河南省××市××区××街××小区××号楼×单元×××号			执行地	山东省××市××区
罪名	非法出售发票罪	原判刑罚		拘役六个月	附加刑	罚金一万元

续表

<table>
<tr><td>禁止令内容</td><td colspan="3">无</td><td>禁止期限起止日</td><td>自　年　月　日
至　年　月　日</td></tr>
<tr><td>矫正类别</td><td>缓刑</td><td>矫正期限</td><td>六个月</td><td>起止日</td><td>自 2020 年 5 月 7 日
至 2020 年 11 月 6 日</td></tr>
<tr><td>事由及依据</td><td colspan="5">根据法院通知，社区矫正对象李某某需于 2020 年 8 月 8 日到达河南省××市××区人民法院参与离婚诉讼。根据《中华人民共和国社区矫正法》第二十七条，《中华人民共和国社区矫正法实施办法》第二十六条、第二十七条规定，拟批准社区矫正对象李某某于 2020 年 8 月 7 日至 2020 年 8 月 9 日到达河南省××市参与离婚诉讼。</td></tr>
<tr><td>呈报单位意见</td><td colspan="5">同意
××司法所（公章）
××年××月××日</td></tr>
<tr><td>备注</td><td colspan="5"></td></tr>
</table>

制作说明：

（1）本文书根据《中华人民共和国社区矫正法》第二十三条以及“两高两部”《中华人民共和国社区矫正法实施办法》第二十六条、第二十七条、第二十九条的规定制作。用于社区矫正对象外出或者经常性跨市县活动事项的审批，相关意见栏如不使用，可以删除。

（2）呈报单位包括受委托的司法所以及社区矫正中队等。如呈报单位也是审批机关时，可将此意见栏改为受委托的司法所意见等，其余意见栏可删除。由司法所批准的，报执行地县级社区矫正机构备案。

（3）用于外出审批时，一式两份，除一份存档外，对于外出超过三十日或者两个月内外出时间累计超过三十日，上一级社区矫正机构批准外出的，执行地县级社区矫正机构应当及时将审批表抄送同级人民检察院。

（二）社区矫正事项审批告知书样本、范例与制作说明

1. 文书样本

社区矫正事项审批告知书

（　　）　　字第　　号

社区矫正对象＿＿＿＿＿：

你于＿＿年＿＿月＿＿日，因＿＿＿＿＿＿＿（事由）提出的＿＿＿＿＿申请，符合/不符合有关法律、法规和社区矫正监督管理规定情形，决定予以批准/不予批准＿＿＿＿＿＿＿＿＿。

你在进行＿＿＿＿＿＿＿＿活动时，应注意遵守以下要求：＿＿＿＿＿＿＿＿＿＿＿＿＿＿＿＿＿＿＿＿＿＿＿＿＿＿＿＿＿。

特此告知。

＿＿＿（公章）

年　月　日

以上内容我已知晓。

社区矫正对象（签名）：

年　月　日

2. 填写范例与制作说明

案例：李某某，男，因犯非法出售发票罪被人民法院判处拘役六个月，缓刑六个月。判决生效后，依法实施社区矫正。社区矫正期间，李某某配偶提出离婚诉讼请求。根据法院通知，李某某需离开社区矫正执行地前往法院应诉。李某某向司法所提出外出参与诉讼的书面申请，并提交了相关证明材料。司法所收到李某某的书面

申请和证明材料后，经审核后认为符合确有正当理由离开居住市县的情形，同意其外出申请，并报县级社区矫正机构备案。

社区矫正事项审批告知书

（2020）××矫审告字第2号

社区矫正对象李某某：

你于××××年××月××日，因参与离婚诉讼提出的外出至河南省××市的申请，符合有关法律、法规和社区矫正监督管理规定情形，决定予以批准外出。

你在外出期间，应注意遵守以下要求：1. 你应当于2020年8月7日至2020年8月9日外出，外出地点为河南省××市，严禁抵达其他地点，严禁进入敏感区域；2. 外出期间，你要严格遵守法律法规及社区矫正相关管理规定，并于每日下午17:00通过电话联系的方式向司法所进行报告；3. 你应当于2020年8月9日前返回并向司法所报告，并于2020年8月10日上午8:30前抵达司法所当面销假，报告外出期间相关情况，出示外出车票、食宿等证明原件；4. 如违反外出规定，将视情节给予训诫、警告、提请治安管理处罚、加戴电子定位装置、提请撤销缓刑。

特此告知。

××区社区矫正机构（公章）

××××年××月××日

以上内容我已知晓。

社区矫正对象（签名）：李某某

××××年××月××日

制作说明：

（1）本文书根据《中华人民共和国社区矫正法》第二十三条以及“两高两部”《中华人民共和国社区矫正法实施办法》第二十六条、第二十七条、第二十八条、第二十九条等规定制作。用于社区矫正对象申请事项是否批准的告知，对外出及经常性跨市县活动事项申请，应当书面告知审批结果，同时告知社区矫正对象进行审批事项活动时应遵守的相关要求，如批准请假外出的需列明时限和目的地。

（2）文书字号由年度、社区矫正机构代字、类型代字、文书编号组成，使用阿拉伯数字，例“(2020) ××矫审告字第1号”。该告知书一式两份，加盖公章，社区矫正对象签名后存档一份，送社区矫正对象一份。

（三）注意与提示

1. 对于确有正当理由申请外出的，社区矫正对象要说明外出的事由、时限、地点、拟接触的人员、拟乘坐的交通方式等，并提供相关证明材料。对于申请经常性跨市县的，社区矫正对象要说明工作生活方面的理由，经常去往的市县名称、时间、频次等，并提供相关证明材料。社区矫正机构或司法所在审核审批时，应通过书面审查、询问本人、同行人、需接触人、所在单位等多种方式进行核实，申请事由合法属实的依程序进行审批。

2. 批准社区矫正对象外出或经常性跨市县活动的，社区矫正机构应当落实好对社区矫正对象的教育谈话等工作，明确告知进入的地点、期限、应当遵守的相关监管规定，以及违反监管规定的后果。

3. 社区矫正机构根据需要协商外出目的地社区矫正机构协助监督管理的，还应告知社区矫正对象在到达和离开时向当地社区矫正机构报告，接受监督管理。

4. 社区矫正对象外出或跨市县活动前要掌握其外出活动期间拟途经的路线范围等。社区矫正对象外出期间，社区矫正机构可采取电话通信、实时视频、信息化核查等方式对社区矫正对象的外出情况进行监管，及时掌握社区矫正对象活动等情况。对于社区矫正对象超出拟途经的路线范围等情况，应及时联系核查，防止脱管等情形发生。

5. 经常性跨市县活动批准一次有效期为六个月。到期后，社区矫正对象仍需要经常性跨市县活动的，应当重新提出申请。经批准后方可再次经常性跨市县活动。

三、社区矫正对象会客、外出、经常性跨市县活动文书应用环节的实体要求

（一）区分外出与经常性跨市县活动

外出，是指社区矫正对象因就医、就学、参与诉讼、处理家庭或者工作重要事务等，需要在短期内临时离开所居住市县的情况。例如，张某居住在河南省某市某区，但是因其患重病需到北京市某医院就医，这种情况就是外出。

经常性跨市县活动，是指社区矫正对象因正常工作和生活，需要在一段时间内经常性在所居住的市县和因工作、生活需要经常前往的其他市县活动的情况。例如，李某居住在北京市通州区，但是其工作地点在邻近北京市通州区的河北省燕郊市某工厂，李某需要每天往返北京市通州区和河北省燕郊市上下班，这种情况就是经常性跨市县活动。

（二）准确把握外出的请假事由

社区矫正对象外出的正当理由是指就医、就学、参与诉讼、处理家庭或者工作重要事务等。

其中处理家庭重要事务一般是指以下事务：

1. 结婚、离婚、考试、本人或配偶生育；

2. 近亲属婚嫁、重病、亡故等，确需本人外出处理的；

3. 春节、清明期间需离开执行地探亲、祭祖的；

4. 涉本人的仲裁、登记、许可、调解、复议等，确需本人参加的。

处理工作重要事务一般是指确需本人参加的以下事务：

1. 参加生产经营活动，包括投资谈判、签订合同等与生产经营直接相关的活动；

2. 参加涉及企业生产经营的仲裁、登记、许可、调解、复议等活动；

3. 因工作需要参加重要培训、重要会议等活动；

4. 其他工作重要事务。

社区矫正机构、司法所要严格按照法律法规的规定执行，严禁随意扩大或缩小请假外出的理由，对于拒不提供有关证明或弄虚作假的，应不予批准。在重点时段、重大活动期间或者遇有特殊情况时，一般不批准社区矫正对象前往活动举办地或重点地区。社区矫正机构、司法所应当严格履行外出审批程序，落实监管教育措施，严防社区矫正对象不请假外出造成脱管。同时，必须明确法律法规规定的市是指直辖市的城市市区、设区的市的城市市区和县级市的辖区。在设区的同一市内跨区活动的，不属于离开所居住的市县。

（三）必须明确经常性跨市县活动的关键环节

1. 准确把握事由。社区矫正对象需要经常性跨市县活动的理由是指因正常工作和生活需要。非因正常工作和生活需要的，不应当经常性跨市县活动。

2. 严格遵守“经常性”的限制规定。社区矫正对象只有在一段时间内因正常工作和生活需要频繁往来的市县才能认定为“经常性”。例如，一个月只往来一次，就不宜认定为“经常性”。

3. 对于“跨市县”的理解。因正常工作和生活需要经常性跨市县活动的，其本质属于外出，即对“跨市县”的理解应符合外出规定的“离开所居住的市县”，不宜在地域上限制为相邻或省内。

（四）社区矫正对象违反外出（经常性跨市县活动）相关规定的法律后果

1. 给予训诫。社区矫正对象违反外出规定且情节轻微的，社区矫正机构应当给予训诫。

2. 给予警告。社区矫正对象违反外出规定且情节较重的，社区矫正机构应当给予警告。

3. 提请治安管理处罚。社区矫正对象违反监督管理规定，依法应予治安管理处罚的，社区矫正机构应当及时提请同级公安机关依法给予处罚，并向执行地同级人民检察院抄送治安管理处罚建议书副本，及时通知处理结果。

4. 加戴电子定位装置。社区矫正对象无正当理由，未经批准离开所居住的市县的，经县级司法行政部门负责人批准，可以使用电子定位装置，加强监督管理。

5. 提请撤销缓刑。社区矫正对象在缓刑考验期内脱离监管超过一个月的、因违反监督管理规定受到治安管理处罚仍不改正的、受到社区矫正机构两次警告仍不改正的，由执行地同级社区矫正机构提出撤销缓刑建议。

6. 提请撤销假释。社区矫正对象在假释考验期内脱离监管超过一个月的、受到社区矫正机构两次警告仍不改正的，由执行地同级社区矫正机构提出撤销假释建议。

7. 提请收监执行。暂予监外执行的社区矫正对象未经社区矫正机构批准擅自离开居住的市县，经警告拒不改正，或者拒不报告行踪，脱离监管的，由执行地县级社区矫正机构提出收监执行建议。

四、社区矫正对象会客、外出、经常性跨市县活动文书应用环节的程序要求

（一）外出审批程序

1. 提出申请

（1）社区矫正对象一般应当提前三日向司法所提交书面申请。

（2）社区矫正对象应当针对其外出请假事由，如实提供诊断证明、单位证明、入学证明、法律文书等材料。

（3）确因情况紧急，社区矫正对象也可以用电话方式提出申请，但需经同意后，应及时补办请假手续。

2. 审核上报

（1）司法所收到社区矫正对象外出请假申请后，可通过开展询问谈话、查验证明材料、询问相关人员等方式对社区矫正对象请假理由、期限、目的及证明材料进行审核，并做好谈话记录和工作记录。

（2）司法所收到社区矫正对象的书面申请和相应证明材料后，应当进行审核并填写《社区矫正对象外出（经常性跨市县活动）审批表》；认为需要补充相关证明材料的，可以要求社区矫正对象及时予以补充。

（3）司法所审核完毕后，如社区矫正对象申请外出时间在七日内的，可以由司法所批准，并报执行地县级社区矫正机构备案，同时履行告知义务。

（4）司法所审核完毕后，如社区矫正对象申请外出时间超过七日的，应当在签署意见后，向执行地县级社区矫正机构上报《社区矫正对象外出（经常性跨市县活动）审批表》并附书面申请及相

应证明材料。

3. 审批告知

（1）执行地县级社区矫正机构收到申请后，应当对相关材料进行审查与核实；认为需要补充相关证明材料的，可以要求社区矫正对象及时予以补充；认为需要调查核实相关事实的，可以委托司法所进行调查核实，也可自行调查核实。

（2）对社区矫正对象申请外出时间不超过三十日的，执行地县级社区矫正机构应当根据审查核实情况，作出是否批准的决定，并履行告知义务。

（3）对社区矫正对象因特殊情况确需外出超过三十日的，或者两个月内外出时间累计超过三十日的，执行地县级社区矫正机构应当报上一级社区矫正机构审批。

（4）上一级社区矫正机构批准社区矫正对象外出的，执行地县级社区矫正机构应当及时通报同级人民检察院。

4. 外出期间管理

（1）在社区矫正对象外出期间，执行地县级社区矫正机构、受委托的司法所应当通过电话通信、实时视频等方式实施监督管理。

（2）执行地县级社区矫正机构根据需要，可以协商外出目的地社区矫正机构协助监督管理，并要求社区矫正对象在到达和离开时向当地社区矫正机构报告，接受监督管理。外出目的地社区矫正机构在社区矫正对象报告后，可以通过电话通信、实地查访等方式协助监督管理。

5. 销假

社区矫正对象应在外出期限届满前返回居住地，并向执行地县级社区矫正机构或者司法所报告，办理手续。销假时，社区矫正对象应当出具交通、食宿等票据原件，以及其他与外出事项、地点相关的文字、照片、视频资料等证明材料。社区矫正机构或司法所应当对社区矫正对象的销假情况做好记录并留存票据复印件及其他相关证明材料。因特殊原因无法按期返回的，应当及时向社区矫正机构或司法所报告情况，社区矫正机构、司法所做好记录，加强监管。

6. 情况处置

发现社区矫正对象违反外出管理规定的，社区矫正机构或司法所应当责令其立即返回，并视情节依法予以处理。

（二）经常性跨市县活动审批程序

1. 提出申请

（1）社区矫正对象一般应当提前一个月向司法所提交书面申请，写明理由、经常去往的市县名称、时间、频次等。

（2）社区矫正对象应当针对其经常性跨市县活动情况，如实提供相应证明材料。

因正常工作需要经常性跨市县活动的，申请时一般需提供所在工作单位劳动关系证明、有效的统一社会信用代码证（照）复印件、社会保险、派遣证明等材料；因生活需要经常性跨市县活动的，需提供生活来往的本人及近亲属居住证明等材料。

2. 审核上报

（1）司法所应当针对社区矫正对象经常性跨市县活动申请情况，开展询问谈话、查验证明材料、询问与社区矫正对象拟在经常性活动市县共同工作或生活的相关人员，并做好谈话记录、工作记录。

（2）司法所收到社区矫正对象的书面申请和相应证明材料后，应当进行审核并填写《社区矫正对象外出（经常性跨市县活动）审批表》。

（3）司法所审核完毕并签署意见后，向执行地县级社区矫正机构上报《社区矫正对象外出（经常性跨市县活动）审批表》并附书面申请及相应证明材料。

3. 审批告知

（1）执行地县级社区矫正机构收到申请后，应当对相关材料进行审查与核实；认为需要补充相关证明材料的，可以要求社区矫正对象及时予以补充；认为需要调查核实相关事实的，可以委托司法所进行调查核实，也可自行调查核实。

（2）执行地县级社区矫正机构应当根据审查核实情况，作出是否批准的决定，并履行告知义务。

（3）执行地县级社区矫正机构批准一次的有效期为六个月。

（4）到期后，社区矫正对象仍需要经常性跨市县活动的，应当重新提出申请。

4. 经常性跨市县活动期间管理

（1）在批准经常性跨市县活动的有效期间内，社区矫正对象每次外出前和返回后应当通过书面、电话或者微信等通信联络方式向司法所报告。司法所应当书面记录在案。

（2）被批准经常性跨市县活动的社区矫正对象每月书面报告外出情况。司法所每月向区社区矫正机构报备。

五、社区矫正对象会客、外出、经常性跨市县活动文书法律依据

《中华人民共和国社区矫正法》

第二十三条 社区矫正对象在社区矫正期间应当遵守法律、行政法规，履行判决、裁定、暂予监外执行决定等法律文书确定的义务，遵守国务院司法行政部门关于报告、会客、外出、迁居、保外就医等监督管理规定，服从社区矫正机构的管理。

第二十七条第一款 社区矫正对象离开所居住的市、县或者迁居，应当报经社区矫正机构批准。社区矫正机构对于有正当理由

的，应当批准；对于因正常工作和生活需要经常性跨市、县活动的，可以根据情况，简化批准程序和方式。

第二十九条第一款 社区矫正对象有下列情形之一的，经县级司法行政部门负责人批准，可以使用电子定位装置，加强监督管理：

（一）违反人民法院禁止令的；

（二）无正当理由，未经批准离开所居住的市、县的；

（三）拒不按照规定报告自己的活动情况，被给予警告的；

（四）违反监督管理规定，被给予治安管理处罚的；

（五）拟提请撤销缓刑、假释或者暂予监外执行收监执行的。

《中华人民共和国社区矫正法实施办法》

第二十六条 社区矫正对象未经批准不得离开所居住市、县。确有正当理由需要离开的，应当经执行地县级社区矫正机构或者受委托的司法所批准。

社区矫正对象外出的正当理由是指就医、就学、参与诉讼、处理家庭或者工作重要事务等。

前款规定的市是指直辖市的城市市区、设区的市的城市市区和县级市的辖区。在设区的同一市内跨区活动的，不属于离开所居住的市、县。

第二十七条 社区矫正对象确需离开所居住的市、县的，一般应当提前三日提交书面申请，并如实提供诊断证明、单位证明、入学证明、法律文书等材料。

申请外出时间在七日内的，经执行地县级社区矫正机构委托，可以由司法所批准，并报执行地县级社区矫正机构备案；超过七日的，由执行地县级社区矫正机构批准。执行地县级社区矫正机构每次批准外出的时间不超过三十日。

因特殊情况确需外出超过三十日的，或者两个月内外出时间累计超过三十日的，应报上一级社区矫正机构审批。上一级社区矫正机构批准社区矫正对象外出的，执行地县级社区矫正机构应当及时通报同级人民检察院。

第二十八条 在社区矫正对象外出期间，执行地县级社区矫正机构、受委托的司法所应当通过电话通讯、实时视频等方式实施监督管理。

执行地县级社区矫正机构根据需要，可以协商外出目的地社区矫正机构协助监督管理，并要求社区矫正对象在到达和离开时向当地社区矫正机构报告，接受监督管理。外出目的地社区矫正机构在社区矫正对象报告后，可以通过电话通讯、实地查访等方式协助监督管理。

社区矫正对象应在外出期限届满前返回居住地，并向执行地县级社区矫正机构或者司法所报告，办理手续。因特殊原因无法按期返回的，应及时向社区矫正机构或者司法所报告情况。发现社区矫正对象违反外出管理规定的，社区矫正机构应当责令其立即返回，并视情节依法予以处理。

第二十九条 社区矫正对象确因正常工作和生活需要经常性跨市、县活动的，应当由本人提出书面申请，写明理由、经常性去往市县名称、时间、频次等，同时提供相应证明，由执行地县级社区矫正机构批准，批准一次的有效期为六个月。在批准的期限内，社区矫正对象到批准市、县活动的，可以通过电话、微信等方式报告活动情况。到期后，社区矫正对象仍需要经常性跨市、县活动的，应当重新提出申请。

第三十四条 社区矫正对象具有下列情形之一的，执行地县级社区矫正机构应当给予训诫：

（一）不按规定时间报到或者接受社区矫正期间脱离监管，未超过十日的；

（二）违反关于报告、会客、外出、迁居等规定，情节轻微的；

（三）不按规定参加教育学习等活动，经教育仍不改正的；

（四）其他违反监督管理规定，情节轻微的。

第三十五条 社区矫正对象具有下列情形之一的，执行地县级社区矫正机构应当给予警告：

（一）违反人民法院禁止令，情节轻微的；

（二）不按规定时间报到或者接受社区矫正期间脱离监管，超过十日的；

（三）违反关于报告、会客、外出、迁居等规定，情节较重的；

（四）保外就医的社区矫正对象无正当理由不按时提交病情复查情况，经教育仍不改正的；

（五）受到社区矫正机构两次训诫，仍不改正的；

（六）其他违反监督管理规定，情节较重的。

第三十六条 社区矫正对象违反监督管理规定或者人民法院禁止令，依法应予治安管理处罚的，执行地县级社区矫正机构应当及时提请同级公安机关依法给予处罚，并向执行地同级人民检察院抄送治安管理处罚建议书副本，及时通知处理结果。

第四十六条第一款 社区矫正对象在缓刑考验期内，有下列情形之一的，由执行地同级社区矫正机构提出撤销缓刑建议：

（一）违反禁止令，情节严重的；

（二）无正当理由不按规定时间报到或者接受社区矫正期间脱离监管，超过一个月的；

（三）因违反监督管理规定受到治安管理处罚，仍不改正的；

（四）受到社区矫正机构两次警告，仍不改正的；

（五）其他违反有关法律、行政法规和监督管理规定，情节严重的情形。

第四十七条第一款 社区矫正对象在假释考验期内，有下列情形之一的，由执行地同级社区矫正机构提出撤销假释建议：

（一）无正当理由不按规定时间报到或者接受社区矫正期间脱离监管，超过一个月的；

（二）受到社区矫正机构两次警告，仍不改正的；

（三）其他违反有关法律、行政法规和监督管理规定，尚未构成新的犯罪的。

第四十九条第一款 暂予监外执行的社区矫正对象有下列情形之一的，由执行地县级社区矫正机构提出收监执行建议：

（一）不符合暂予监外执行条件的；

（二）未经社区矫正机构批准擅自离开居住的市、县，经警告拒不改正，或者拒不报告行踪，脱离监管的；

（三）因违反监督管理规定受到治安管理处罚，仍不改正的；

（四）受到社区矫正机构两次警告的；

（五）保外就医期间不按规定提交病情复查情况，经警告拒不改正的；

（六）暂予监外执行的情形消失后，刑期未满的；

（七）保证人丧失保证条件或者因不履行义务被取消保证人资格，不能在规定期限内提出新的保证人的；

（八）其他违反有关法律、行政法规和监督管理规定，情节严重的情形。

第七章

社区矫正对象执行地变更审批表、决定书及审批告知书

一、社区矫正对象执行地变更文书的概念及作用

社区矫正对象执行地变更文书有社区矫正对象执行地变更审批表、社区矫正对象执行地变更决定书以及社区矫正事项审批告知书三个文书。

社区矫正对象执行地变更审批表是对社区矫正对象因迁居等原因需经社区矫正机构审批同意变更执行地的法律文书，包含社区矫正对象基本信息、申请事实及依据，以及司法所、各级社区矫正机构意见等内容。

社区矫正对象执行地变更决定书是社区矫正机构对社区矫正对象申请变更执行地经审批后作出决定结果的文书，包括基本信息、社区矫正期限、执行地变更申请时间事项及理由、社区矫正机构审批后作出的决定等内容。

社区矫正事项审批告知书是用于社区矫正对象申请执行地变更事项是否批准，书面告知审批结果的文书，包括申请事项、审批结果、进行活动时应遵守的要求等内容。

办理社区矫正对象执行地变更审批，应当做到符合规定、程序严谨，从有利于社区矫正对象接受矫正、融入社会的原则出发，履行审批流程，主动做好工作衔接，避免脱管漏管。

二、社区矫正对象执行地变更相关文书的制作

（一）社区矫正对象执行地变更审批表的样本、范例与制作说明

1. 文书样本

社区矫正对象执行地变更审批表

姓名		性别		身份证 号码		
户籍地				执行地		
罪名		原判刑罚			附加刑	
禁止令 内容				禁止期限 起止日	自　年　月　日 至　年　月　日	
矫正 类别		矫正 期限		起止日	自　年　月　日 至　年　月　日	
事由及依据						
呈报单位 意见	（公章） 年　月　日					
县级社区 矫正机构 意见	（公章） 年　月　日					

续表

地市社区矫正机构意见	（公章） 年　月　日
省级社区矫正机构意见	（公章） 年　月　日
备注	

2. 填写范例与制作说明

案例： 郑某某，男，因犯非国家工作人员受贿罪被人民法院判处有期徒刑一年，缓刑一年六个月。判决生效后，依法实施社区矫正。2020 年 7 月，郑某某被所就职公司委派到河北省分公司任职，故居住地拟变更至河北省某小区。现向司法所提出书面申请并附公司出具的工作调整证明及居住证明等材料。司法所收到申请及证明材料，经审核签署意见后报区级社区矫正机构审批。区级社区矫正机构收到申请后，征求新执行地区级社区矫正机构意见，并根据回复意见作出决定。

社区矫正对象执行地变更审批表

姓名	郑某某	性别	男	身份证号码	×××××××××××××××××××
户籍地	河北省××市××区××街××小区××号楼×单元×××号			执行地	北京市××区

续表

<table>
<tr><td>罪名</td><td>非国家工作人员受贿罪</td><td colspan="2">原判刑罚</td><td>有期徒刑一年</td><td>附加刑</td><td>罚金人民币一万元</td></tr>
<tr><td>禁止令内容</td><td colspan="3">无</td><td>禁止期限起止日</td><td colspan="2">自　年　月　日
至　年　月　日</td></tr>
<tr><td>矫正类别</td><td>缓刑</td><td>矫正期限</td><td>一年六个月</td><td>起止日</td><td colspan="2">自 2020 年 1 月 22 日
至 2021 年 7 月 21 日</td></tr>
<tr><td>事由及依据</td><td colspan="6">社区矫正对象郑某某，因工作原因，经常居住地由北京市××区××街××小区××号楼×单元×××号迁至河北省××市××区××街××小区××号楼×单元×××号，根据《中华人民共和国社区矫正法》第二十七条、《中华人民共和国社区矫正法实施办法》第三十条规定，拟予以变更执行地。</td></tr>
<tr><td>呈报单位意见</td><td colspan="6">拟同意，报北京市××区社区矫正机构审批
××司法所（公章）
××年××月××日</td></tr>
<tr><td>县级社区矫正机构意见</td><td colspan="6">同意
北京市××区社区矫正机构（公章）
××年××月××日</td></tr>
<tr><td>备注</td><td colspan="6"></td></tr>
</table>

制作说明：

本文书根据《中华人民共和国社区矫正法》第二十三条、第二十七条以及“两高两部”《中华人民共和国社区矫正法实施办法》第二十四条、第三十条的规定制作。用于社区矫正对象执行地变更事项的审批，相关意见栏如不使用，可以删除。

（二）社区矫正对象执行地变更决定书的样本、范例与制作说明

1. 文书样本

社区矫正对象执行地变更决定书

（　　）　　字第　　号

社区矫正对象________，男（女），____年___月___日出生，____族，身份证号码__________，户籍地________，现执行地________，因犯______罪经_________人民法院于____年___月___日判处________。____年___月___日经_______人民法院（监狱管理局、公安局）裁定假释（决定、批准暂予监外执行）。社区矫正期限自____年___月___日起至____年____月___日止。

____年___月___日收到社区矫正对象______执行地变更申请，申请由______市（县）变更执行地到______市（县），申请变更理由________________________________。

依据《中华人民共和国社区矫正法》第二十七条之规定，决定同意（不予同意）变更到______市（县）执行。

（公章）

年　月　日

注：决定书送达社区矫正对象和新执行地县级社区矫正机构，同时抄送____人民法院（公安局、监狱管理局）、______人民检察院、____公安（分）局。

2. 填写范例与制作说明

案例：郑某某，男，因犯非国家工作人员受贿罪被人民法院判处有期徒刑一年，缓刑一年六个月。判决生效后，依法实施社区矫正。2020 年 7 月，郑某某被所就职公司委派到河北省分公司任职，居住地拟变更至河北省某小区，故申请执行地变更。现社区矫正机

构在征求新执行地区级社区矫正机构意见后，作出同意郑某某执行地变更的决定。

社区矫正对象执行地变更决定书

（2020）××矫执更字第1号

社区矫正对象郑某某，男，××××年××月××日出生，×族，身份证号码××××××××××××××××××，户籍地河北省××市××区××街××小区××号楼×单元×××号，现执行地北京市××区，因犯非国家工作人员受贿罪经××市××区人民法院于××××年××月××日判处有期徒刑一年、缓刑一年六个月。社区矫正期限自2020年1月22日起至2021年7月21日止。

2020年7月14日收到社区矫正对象郑某某执行地变更申请，申请由北京市××区变更执行地到河北省××市××区，申请变更理由因工作变动迁居。

依据《中华人民共和国社区矫正法》第二十七条之规定，决定同意变更到河北省××市××区执行。

北京市××区社区矫正机构（公章）

××××年××月××日

注：决定书送达社区矫正对象和新执行地县级社区矫正机构，同时抄送××人民法院、××人民检察院、××公安（分）局。

制作说明：

（1）本文书根据《中华人民共和国社区矫正法》第二十七条以及“两高两部”《中华人民共和国社区矫正法实施办法》第三十条、第三十一条的规定制作。

（2）文书字号由年度、社区矫正机构代字、类型代字、文书编号组成，使用阿拉伯数字，例“（2020）××矫执更字第1号”。文书一式六份：存档一份，一份送社区矫正对象，一份连同审批表、矫正档案、送达回执移交新执行地县级社区矫正机构，另抄送社区矫正决定机关、原执行地县级人民检察院、公安机关各一份。

(3) 新执行地县级社区矫正机构收到决定书和档案材料后，在五日内送达回执（在受送达人签收处加盖公章），同时将决定书复印送所在地县级人民检察院、公安机关。

（三）社区矫正事项审批告知书的样本、范例与制作说明

1. 文书样本

社区矫正事项审批告知书

（　　）　　字第　　号

社区矫正对象__________：

你于____年___月___日，因______________（事由）提出的___________申请，符合/不符合有关法律、法规和社区矫正监督管理规定情形，决定予以批准/不予批准______________。

你在进行_________活动时，应注意遵守以下要求：______

____

____

特此告知。

______（公章）

年　月　日

以上内容我已知晓。

社区矫正对象（签名）：

年　月　日

2. 填写范例与制作说明

案例：郑某某，男，因犯非国家工作人员受贿罪被人民法院判处有期徒刑一年，缓刑一年六个月。判决生效后，依法实施社区矫正。2020年7月，郑某某被所就职公司委派到河北省分公司任职，居住地拟变更至河北省某小区，故申请执行地变更。社区矫正机构在征求新执行地区级社区矫正机构意见后，作出同意郑某某执行地变更的决定。现将审批结果告知郑某某，并对其进行教育、告知相关规定、责令按时报到。

社区矫正事项审批告知书

（2020）××矫审告字第3号

社区矫正对象郑某某：

你于××××年××月××日，因工作变动迁居提出的执行地变更申请，符合有关法律、法规和社区矫正监督管理规定情形，决定予以批准变更执行地。

你在进行报到活动时，应注意遵守以下要求：1. 你应当于××××年××月××日前携带有效身份证明及相关法律文书到河北省××市××区社区矫正机构报到；2. 河北省××市××区社区矫正机构地址为××××××，联系人为×××，联系电话为×××××××××××；3. 如逾期未报到，社区矫正机构将视情节给予训诫、警告、提请治安管理处罚、加戴电子定位装置、提请撤销缓刑。

特此告知。

北京市××区社区矫正机构（公章）

××××年××月××日

以上内容我已知晓。 社区矫正对象（签名）：郑某某 ××××年××月××日

制作说明：

（1）根据《中华人民共和国社区矫正法》第二十三条以及“两高两部”《中华人民共和国社区矫正法实施办法》第二十四条、第二十九条、第三十条等规定制作。用于社区矫正对象申请执行地变更事项是否批准的告知，应当书面告知审批结果，同时告知社区矫正对象进行审批事项活动时应遵守的相关要求，同意变更执行地的，告知其到新执行地县级社区矫正机构报到的时间期限以及逾期报到或者未报到的后果等。

（2）文书字号由年度、社区矫正机构代字、类型代字、文书编号组成，使用阿拉伯数字，例“（2020）××矫审告字第1号”。该告知书一式两份，加盖公章，社区矫正对象签名后存档一份，送社区矫正对象一份。

（四）注意与提示

1. 在进行对社区矫正对象执行地变更审批时，对于执行地变更申请事项及相关证明材料可以通过书面审查、同相关人员询问等方式开展核实工作并做好记录。

2. 同意变更执行地的，社区矫正机构应当落实好对社区矫正对象的教育责任，明确告知报到的地点、期限以及逾期报到的后果，责令其按时报到，做好执行地变更的衔接工作。

三、社区矫正对象执行地变更文书应用环节的实体要求

（一）准确区分执行地和居住地

社区矫正对象可以有多个居住地，但是只能有一个执行地。社区矫正决定机关判处管制、宣告缓刑、裁定假释、决定或批准暂予监外执行时应当确定社区矫正执行地。在社区矫正期间，社区矫正对象需要变更执行地的，应当经社区矫正机构审批。因此，应当准确理解执行地概念，不能随意变更执行地，削弱执法严肃性。

社区矫正执行地为社区矫正对象的居住地。社区矫正对象在多个地方居住的，可以确定经常居住地为执行地。社区矫正对象的居住地、经常居住地无法确定或者不适宜执行社区矫正的，社区矫正决定机关应当根据有利于社区矫正对象接受矫正、更好地融入社会的原则，确定执行地。

（二）经常居住地认定条件

社区矫正对象具有固定住所、固定生活来源等，该住所所在地可以确定为经常居住地。

社区矫正对象有合法住所且已经或者能够连续居住六个月以上的，可以认定为固定住所。社区矫正对象有合法稳定收入，或者家庭成员、近亲属以及其他人员愿意为社区矫正对象生活提供经济支持的，可以认定为具有固定生活来源。

核实经常居住地时，被告人或者罪犯应当如实提供其居住、户籍情况，并提供必要的证明材料：

1. 居民身份证、户口簿、居住证；

2. 所居住房屋所有或者共有的产权证明、生效的购房合同或

村委会出具的房屋所有权证明；已经连续或者能够连续居住六个月以上的房屋租赁合同；在单位提供的住所可以连续居住六个月以上的工作单位证明；为社区矫正对象提供住所的人员的房屋所有权证明和同意其在此居住的书面证明；

3. 劳动合同或由单位出具的就业证明，个人创业经营的营业执照，或者其他能够证明其本人具有固定生活来源的证明，或者家庭成员、近亲属以及其他人员愿意为社区矫正对象在其矫正期限内提供经济支持的证明材料。

没有居住地，居住地、经常居住地无法确定或者不适宜执行社区矫正的，应当根据有利于社区矫正对象接受矫正、更好地融入社会的原则，确定社区矫正执行地。

（三）执行地变更事由

社区矫正对象因工作、居所等发生变化导致迁居，需要变更执行地的，方可申请变更执行地。

四、社区矫正对象执行地变更文书应用环节的程序要求

（一）提出申请

1. 社区矫正对象应当及时向司法所报告其发生居所变化、工作变动等情况。

2. 社区矫正对象应当提前一个月提出书面申请。

3. 社区矫正对象应当针对其执行地变更事由提供相应证明材料。

（二）审核上报

1. 司法所应当在社区矫正对象报告其发生居所变化、工作变动等情况时做好谈话记录。

2. 司法所收到社区矫正对象的书面申请和相应证明材料后，应当进行审核并填写《社区矫正对象执行地变更审批表》。

3. 司法所审核完毕并签署意见后，应当向执行地县级社区矫正机构上报《社区矫正对象执行地变更审批表》并附书面申请及相应证明材料。

（三）审批告知

1. 执行地县级社区矫正机构收到申请后，应当在五日内书面征求新执行地县级社区矫正机构的意见。

2. 新执行地的县级社区矫正机构接到征求意见函后，应当在五日内开展调查核实。

3. 新执行地县级社区矫正机构根据居住地核实情况作出是否同意接收的意见，并书面回复。

4. 执行地县级社区矫正机构根据回复意见，作出决定。执行地县级社区矫正机构对新执行地县级社区机构的回复意见有异议的，可以报上一级社区矫正机构协调解决。

5. 经审核，执行地县级社区矫正机构不同意变更执行地的，应当在决定作出之日起五日内告知社区矫正对象。

6. 经审核，执行地县级社区矫正机构同意变更执行地的，应对社区矫正对象进行教育，书面告知其到新执行地县级社区矫正机构报到的时间期限以及逾期报到或者未报到的后果，责令其按时报到。

（四）变更后衔接

1. 同意变更执行地的，原执行地县级社区矫正机构应当在作出决定之日起五日内，将有关法律文书和档案材料移交新执行地县级社区矫正机构，并将有关法律文书抄送社区矫正决定机关和原执行地县级人民检察院、公安机关。

2. 新执行地县级社区矫正机构收到法律文书和档案材料后，在五日内送达回执，并将有关法律文书抄送所在地县级人民检察院、公安机关。

3. 对公安机关、监狱管理机关批准暂予监外执行的社区矫正对象变更执行地的，公安机关、监狱管理机关在收到社区矫正机构送达的法律文书后，应与新执行地同级公安机关、监狱管理机关办理交接。

新执行地的公安机关、监狱管理机关应指定一所看守所、监狱接收社区矫正对象档案，负责办理其收监、刑满释放等手续。

看守所、监狱在接收档案之日起五日内，应当将有关情况通报新执行地县级社区矫正机构。对公安机关批准暂予监外执行的社区矫正对象在同一省、自治区、直辖市变更执行地的，可以不移交档案。

（五）报到接收

1. 同意变更执行地的，社区矫正对象应当自收到变更执行地决定之日起七日内，到新执行地县级社区矫正机构报到。

2. 新执行地县级社区矫正机构应当核实身份、办理登记接收手续。

3. 发现社区对象未按规定时间报到的，新执行地县级社区矫正机构应当立即通知原执行地县级社区矫正机构，由原执行地县级社区矫正机构组织查找。

4. 未及时办理交付接收，造成社区对象脱管漏管的，原执行地县级社区矫正机构会同新执行地县级社区矫正机构妥善处理。

五、社区矫正对象执行地变更文书法律依据

《中华人民共和国社区矫正法》

第十七条 社区矫正决定机关判处管制、宣告缓刑、裁定假

释、决定或者批准暂予监外执行时应当确定社区矫正执行地。

社区矫正执行地为社区矫正对象的居住地。社区矫正对象在多个地方居住的，可以确定经常居住地为执行地。

社区矫正对象的居住地、经常居住地无法确定或者不适宜执行社区矫正的，社区矫正决定机关应当根据有利于社区矫正对象接受矫正、更好地融入社会的原则，确定执行地。

本法所称社区矫正决定机关，是指依法判处管制、宣告缓刑、裁定假释、决定暂予监外执行的人民法院和依法批准暂予监外执行的监狱管理机关、公安机关。

第二十七条 社区矫正对象离开所居住的市、县或者迁居，应当报经社区矫正机构批准。社区矫正机构对于有正当理由的，应当批准；对于因正常工作和生活需要经常性跨市、县活动的，可以根据情况，简化批准程序和方式。

因社区矫正对象迁居等原因需要变更执行地的，社区矫正机构应当按照有关规定作出变更决定。社区矫正机构作出变更决定后，应当通知社区矫正决定机关和变更后的社区矫正机构，并将有关法律文书抄送变更后的社区矫正机构。变更后的社区矫正机构应当将法律文书转送所在地的人民检察院、公安机关。

《中华人民共和国社区矫正法实施办法》

第三十条 社区矫正对象因工作、居所变化等原因需要变更执行地的，一般应当提前一个月提出书面申请，并提供相应证明材料，由受委托的司法所签署意见后报执行地县级社区矫正机构审批。

执行地县级社区矫正机构收到申请后，应当在五日内书面征求新执行地县级社区矫正机构的意见。新执行地县级社区矫正机构接到征求意见函后，应当在五日内核实有关情况，作出是否同意接收的意见并书面回复。执行地县级社区矫正机构根据回复意见，作出决定。执行地县级社区矫正机构对新执行地县级社区矫正机构的回复意见有异议的，可以报上一级社区矫正机构协调解决。

经审核，执行地县级社区矫正机构不同意变更执行地的，应在决定作出之日起五日内告知社区矫正对象。同意变更执行地的，应对社区矫正对象进行教育，书面告知其到新执行地县级社区矫正机构报到的时间期限以及逾期报到或者未报到的后果，责令其按时报到。

第三十一条 同意变更执行地的，原执行地县级社区矫正机构应当在作出决定之日起五日内，将有关法律文书和档案材料移交新执行地县级社区矫正机构，并将有关法律文书抄送社区矫正决定机关和原执行地县级人民检察院、公安机关。新执行地县级社区矫正机构收到法律文书和档案材料后，在五日内送达回执，并将有关法律文书抄送所在地县级人民检察院、公安机关。

同意变更执行地的，社区矫正对象应当自收到变更执行地决定之日起七日内，到新执行地县级社区矫正机构报到。新执行地县级社区矫正机构应当核实身份、办理登记接收手续。发现社区矫正对象未按规定时间报到的，新执行地县级社区矫正机构应当立即通知原执行地县级社区矫正机构，由原执行地县级社区矫正机构组织查找。未及时办理交付接收，造成社区矫正对象脱管漏管的，原执行地社区矫正机构会同新执行地社区矫正机构妥善处置。

对公安机关、监狱管理机关批准暂予监外执行的社区矫正对象变更执行地的，公安机关、监狱管理机关在收到社区矫正机构送达的法律文书后，应与新执行地同级公安机关、监狱管理机关办理交接。新执行地的公安机关、监狱管理机关应指定一所看守所、监狱接收社区矫正对象档案，负责办理其收监、刑满释放等手续。看守所、监狱在接收档案之日起五日内，应当将有关情况通报新执行地县级社区矫正机构。对公安机关批准暂予监外执行的社区矫正对象在同一省、自治区、直辖市变更执行地的，可以不移交档案。

第八章

社区矫正对象暂予监外执行事项审批表及审批告知书

一、社区矫正对象暂予监外执行事项文书的概念及作用

社区矫正对象暂予监外执行事项相关文书有社区矫正对象暂予监外执行事项审批表及社区矫正事项告知书两个文书，是暂予监外执行的社区矫正对象报告身体情况和提交复查情况的期限需要调整时，以及进行病情诊断、妊娠检查或者生活不能自理的鉴别时需要填写的相应法律文书。

需要注意的是，社区矫正对象暂予监外执行事项相关文书从类型上分为社区矫正对象保外就医延期报告类和社区矫正对象病情诊断（妊娠检查、生活不能自理鉴别）类。考虑到社区矫正对象病情诊断（妊娠检查、生活不能自理鉴别）类主要是社区矫正机构根据具体实践需要自行协调进行的，故主要以社区矫正对象保外就医延期报告类文书的制作和应用进行举例。掌握了社区矫正对象保外就医延期报告类文书的制作和应用，也就掌握了社区矫正对象病情诊断（妊娠检查、生活不能自理鉴别）类文书的制作和应用。

社区矫正对象暂予监外执行事项审批表包含社区矫正对象基本

信息、事实及依据以及司法所、各级社区矫正机构意见等内容。社区矫正机构对暂予监外执行罪犯实施社区矫正是刑罚执行方式的变更，即出于对社区矫正对象人权的保护，对符合条件的罪犯采取社区矫正，从而利于其就医就诊、改造自我、回归社会的刑罚执行方式。针对社区矫正对象暂予监外执行事项进行审批时，应当根据社区矫正对象的实际情况，严格审查，确保审批结果事实充分、程序规范。

社区矫正事项告知书是用于社区矫正对象暂予监外执行事项是否批准，书面告知审批结果的文书，包括申请事项、审批结果、进行活动时应遵守的要求等内容。

二、社区矫正对象暂予监外执行事项相关文书的制作

（一）社区矫正对象暂予监外执行事项审批表样本、范例与制作说明

1. 文书样本

社区矫正对象保外就医延期报告审批表或社区矫正对象病情诊断（妊娠检查、生活不能自理鉴别）审批表

<table>
<tr><td>姓名</td><td></td><td>性别</td><td></td><td>身份证
号码</td><td colspan="2"></td></tr>
<tr><td>户籍地</td><td colspan="3"></td><td>执行地</td><td colspan="2"></td></tr>
<tr><td>罪名</td><td></td><td colspan="2">原判刑罚</td><td></td><td>附加刑</td><td></td></tr>
<tr><td>禁止令
内容</td><td colspan="3"></td><td>禁止期限
起止日</td><td colspan="2">自　年　月　日
至　年　月　日</td></tr>
<tr><td>矫正
类别</td><td></td><td>矫正
期限</td><td></td><td>起止日</td><td colspan="2">自　年　月　日
至　年　月　日</td></tr>
</table>

续表

事由及依据	
呈报单位意见	（公章） 年　月　日
县级社区矫正机构意见	（公章） 年　月　日
地市社区矫正机构意见	（公章） 年　月　日
省级社区矫正机构意见	（公章） 年　月　日
备注	

2. 填写范例与制作说明

案例：王某某，男，因犯利用邪教组织破坏法律实施罪被人民法院判处有期徒刑二年。人民法院经组织对王某某病情诊断后，以其患肺癌晚期（非临床治愈期）等严重疾病为由，对其决定暂予监外执行。决定后交付至社区矫正机构实施社区矫正。社区矫正期间，因王某某病情加重，目前全身浮肿需长时间卧床，且其保证人即其妻子刘某某患有小儿麻痹症后遗症，双腿畸形行动不便。鉴于王某某的病情及其保证人刘某某身体等情况，拟延长王某某提交病情复查期限二个月。

社区矫正对象保外就医延期报告审批表

<table>
<tr><td>姓名</td><td>王某某</td><td>性别</td><td>男</td><td>身份证号码</td><td colspan="2">××××××××××××××××××</td></tr>
<tr><td>户籍地</td><td colspan="3">××省××市××区××街××小区××号楼×单元×××号</td><td>执行地</td><td colspan="2">××省××市××区</td></tr>
<tr><td>罪名</td><td>利用邪教组织破坏法律实施罪</td><td colspan="2">原判刑罚</td><td>有期徒刑二年</td><td>附加刑</td><td>罚金人民币二千元</td></tr>
<tr><td>禁止令内容</td><td colspan="3">无</td><td>禁止期限起止日</td><td colspan="2">自　年　月　日
至　年　月　日</td></tr>
<tr><td>矫正类别</td><td>暂予监外执行</td><td>矫正期限</td><td>二年</td><td>起止日</td><td colspan="2">自 2020 年 1 月 15 日
至 2022 年 1 月 14 日</td></tr>
<tr><td>事由及依据</td><td colspan="6">根据××医院出具的诊断证明，经实地查访、通信联络核实，暂予监外执行社区矫正对象王某某为肺癌晚期，目前全身浮肿需长时间卧床。保证人刘某某，为王某某的妻子，因小儿麻痹后遗症导致双腿畸形，行动不便。根据《中华人民共和国社区矫正法实施办法》第二十四条规定，拟延长社区矫正对象王某某病情复查期限二个月。</td></tr>
<tr><td>呈报单位意见</td><td colspan="6">经审核，情况属实，报××区社区矫正机构批准
××司法所（公章）
××××年××月××日</td></tr>
<tr><td>县级社区矫正机构意见</td><td colspan="6">拟同意，报××市社区矫正机构批准
××市××区社区矫正机构（公章）
××××年××月××日</td></tr>
</table>

续表

地市社区矫正机构意见	同意 ××市社区矫正机构（公章） ××××年××月××日
备注	

注：抄送××××人民检察院。

制作说明：

（1）本文书根据《中华人民共和国社区矫正法》第二十三条以及“两高两部”《中华人民共和国社区矫正法实施办法》第二十四条的规定制作。用于社区矫正对象暂予监外执行有关事项的审批，相关意见栏如不使用，可以删除。

（2）根据《中华人民共和国社区矫正法实施办法》第二十四条，社区矫正机构调整社区矫正对象报告身体情况和提交复查情况的期限时，审批表名称为《社区矫正对象保外就医延期报告审批表》，文书一式两份，除一份存档外，应当及时抄送执行地县级人民检察院一份。根据《中华人民共和国社区矫正法实施办法》第二十四条，社区矫正机构协调对暂予监外执行的社区矫正对象进行病情诊断、妊娠检查或者生活不能自理的鉴别时，审批表名称分别为《社区矫正对象病情诊断（妊娠检查、生活不能自理鉴别）审批表》，文书一式一份，审批后存档。

（二）社区矫正事项审批告知书样本、范例与制作说明

1. 文书样本

社区矫正事项审批告知书

（　　）　　字第　　号

社区矫正对象__________：

你于____年___月___日，因________________（事由）提出的___________________________申请，符合/不符合有关法律、法规和社区矫正监督管理规定情形，决定予以批准/不予批准_____________________________。

你在进行__________活动时，应注意遵守以下要求：____。

特此告知。

________（公章）

年　月　日

以上内容我已知晓。

社区矫正对象（签名）：

年　月　日

2. 填写范例与制作说明

案例：王某某，男，因犯利用邪教组织破坏法律实施罪被人民法院判处有期徒刑二年。人民法院经组织对王某某病情诊断后，以其患肺癌晚期（非临床治愈期）等严重疾病为由，对其决定暂予监外执行。决定后交付至社区矫正机构实施社区矫正。社区矫正期间，因王某某病情加重，目前全身浮肿需长时间卧床，且其保证人即其妻子刘某某患有小儿麻痹症后遗症，双脚畸形行动不便。鉴于

王某某的病情及其保证人刘某某身体等情况，经社区矫正机构批准，对王某某提交病情复查期限延长二个月。

社区矫正事项审批告知书

（2020）××矫审告字第4号

社区矫正对象王某某：

你于××××年××月××日，因个人及保证人身体原因需要延长病情复查期限的申请，符合有关法律、法规和社区矫正监督管理规定情形，决定予以批准延长病情复查期限二个月。

你在社区矫正期间，应注意遵守以下要求：1. 你应当每月报告身体情况，定期到省级人民政府指定的××医院检查，每五个月提交病情复查情况；2. 你要严格遵守法律法规及社区矫正相关管理规定，遇有特殊情况及时报告；3. 如违反规定，将视情节给予训诫、警告、提请治安管理处罚、加戴电子定位装置、收监执行。

特此告知。

××区社区矫正机构（公章）

××××年××月××日

以上内容我已知晓。

社区矫正对象（签名）：王某某

××××年××月××日

制作说明：

（1）根据《中华人民共和国社区矫正法》第二十三条以及“两高两部”《中华人民共和国社区矫正法实施办法》第二十四条规定制作。用于社区矫正对象申请事项是否批准的告知，对暂予监外执行事项申请，应当书面告知审批结果，同时告知社区矫正对象进行审批事项活动时应遵守的相关要求。

（2）文书字号由年度、社区矫正机构代字、类型代字、文书编号组成，使用阿拉伯数字，例“（2020）××矫审告字第1号”。该告知书一式两份，加盖公章，社区矫正对象签名后存档一份，送社区矫正对象一份。

（三）注意与提示

1.《社区矫正对象保外就医延期报告审批表》的审批事项包括报告身体情况及提交复查情况的期限两方面内容，社区矫正机构可根据社区矫正对象的申请理由、事项范围、身体情况等作出相应审批。

2. 社区矫正对象申请延长报告身体情况和提交复查情况期限的，应如实提供诊断证明等相应证明材料，如规范就医就诊的门诊病历、检查报告单、诊断证明书、出入院病案等材料。

3. 社区矫正对象提供的相关病情证明材料，应有明确来源、明确诊断，诊断证明及出入院病案等应该有公章。其中复查情况诊断的病情应同保外就医决定或批准时的严重疾病相符。

4. 社区矫正机构在审批时，可以通过书面审查、实地查访、通信联络等方式进行调查核实，必要时就其身体病情情况向省级人民政府指定医院的有关医师进行询问，并做好相关工作记录，留存影像资料。

5. 社区矫正对象保外就医延期报告的，社区矫正机构、受委托司法所在日常监管时可以通过教育谈话、实地走访、通信联络、查看病情材料等方式及时掌握社区矫正对象身体情况及病情情况等。

三、社区矫正对象暂予监外执行事项文书应用环节的实体要求

（一）暂予监外执行社区矫正对象的特殊报告义务

暂予监外执行的社区矫正对象应当每个月报告本人身体情况。保外就医的，应当到省级人民政府指定的医院检查，每三个月向执行地县级社区矫正机构、司法所提交病情复查情况。

一般情况下，怀孕社区矫正对象每月、生活不能自理社区矫正对象每六个月，分别向执行地县级社区矫正机构、司法所提交妊娠检验报告、医疗诊断报告。

社区矫正机构根据工作需要，可以协调对暂予监外执行的社区矫正对象进行病情诊断、妊娠检查或者生活不能自理的鉴别。

（二）执行机关的审查职责

社区矫正机构、司法所应当对暂予监外执行社区矫正对象依法实施监管教育，及时掌握其身体状况以及疾病治疗、复查结果等情况。

社区矫正机构、司法所每个月当面询问暂予监外执行社区矫正对象的身体情况、治疗情况、日常表现等并形成询问笔录或工作记录。对社区矫正对象提交的病情复查材料、妊娠检验报告、医疗诊断报告等及时进行审查。对哺乳期、生活不能自理的社区矫正对象通过走访等方式及时掌握其身体状况。根据需要向批准、决定机关或者有关监狱、看守所反馈情况。

（三）严格把握审批规定要求

1. 审批条件

（1）保外就医社区矫正对象确实患有严重疾病。一般情况下，

保外就医的社区矫正对象只有因病导致行动不便等特殊情形，方可调整报告身体情况和提交复查情况的期限。

（2）保证人确实难以帮助暂予监外执行社区矫正对象履行报告义务。实践中，暂予监外执行社区矫正对象的保证人同样可能出现患病、行动不便等情况，导致无法帮助患严重疾病的暂予监外执行社区矫正对象履行报告义务。

当满足上述条件的情况下，执行地县级社区矫正机构可以根据实际情况，调整矫正对象报告身体情况和提交复查情况的期限。

2. 审批时限

延长未超过一个月的，由执行地县级社区矫正机构批准；延长一个月至三个月以下的，报上一级社区矫正机构批准；延长三个月以上的，逐级上报省级社区矫正机构批准。

（四）暂予监外执行社区矫正对象违反特殊报告规定的法律后果

1. 给予训诫。暂予监外执行社区矫正对象违反报告规定且情节轻微的，社区矫正机构应当给予训诫。

2. 给予警告。暂予监外执行社区矫正对象违反报告规定且情节较重的，社区矫正机构应当给予警告。保外就医的社区矫正对象无正当理由不按时提交病情复查情况且经教育仍不改正的，社区矫正机构应当给予警告。

3. 提请治安管理处罚。暂予监外执行社区矫正对象违反监督管理规定，依法应予治安管理处罚的，社区矫正机构应当及时提请同级公安机关依法给予处罚，并向执行地同级人民检察院抄送治安管理处罚建议书副本，及时通知处理结果。

4. 加戴电子定位装置。暂予监外执行社区矫正对象违反监督管理规定，被给予治安管理处罚的，经县级司法行政部门负责人批准，可以使用电子定位装置，加强监督管理。

5. 提请收监执行。暂予监外执行的社区矫正对象保外就医期间不按规定提交病情复查情况，经警告拒不改正的，由执行地县级社区矫正机构提出收监执行建议。

四、社区矫正对象暂予监外执行事项文书应用环节的程序要求

（一）提供证明材料

社区矫正对象应当针对其延长报告身体情况和提交复查情况期限的情况，如实提供诊断证明等相应证明材料。

（二）审核上报

1. 司法所针对社区矫正对象拟延长报告身体情况和提交复查情况期限的情况，可以通过实地查访、材料审核、电话核查等方式掌握其身体状况以及疾病治疗、复查结果等情况。

2. 司法所应当根据审核情况填写《社区矫正对象保外就医延期报告审批表》，上报执行地县级社区矫正机构并附相应证明材料。

（三）审批告知

1. 执行地县级社区矫正机构收到《社区矫正对象保外就医延期报告审批表》后，应当对相关材料进行审查与核实，必要时亦可听取省级人民政府指定医院开展检查医师的有关意见。

2. 对社区矫正对象延长报告身体情况和提交复查情况期限不超过一个月的，执行地县级社区矫正机构应当根据审查核实情况，作出是否批准的决定，并履行告知义务。

3. 对社区矫正对象延长报告身体情况和提交复查情况期限一个月至三个月以下的，执行地县级社区矫正机构应当填写《社区矫正对象保外就医延期报告审批表》，报上一级社区矫正机构审批并附相

应证明材料。延长三个月以上的，逐级上报省级社区矫正机构批准。

4. 批准延长的，执行地县级社区矫正机构应当及时通报同级人民检察院。

五、社区矫正对象暂予监外执行事项文书法律依据

《中华人民共和国社区矫正法》

第二十三条 社区矫正对象在社区矫正期间应当遵守法律、行政法规，履行判决、裁定、暂予监外执行决定等法律文书确定的义务，遵守国务院司法行政部门关于报告、会客、外出、迁居、保外就医等监督管理规定，服从社区矫正机构的管理。

第二十九条第一款 社区矫正对象有下列情形之一的，经县级司法行政部门负责人批准，可以使用电子定位装置，加强监督管理：

（一）违反人民法院禁止令的；

（二）无正当理由，未经批准离开所居住的市、县的；

（三）拒不按照规定报告自己的活动情况，被给予警告的；

（四）违反监督管理规定，被给予治安管理处罚的；

（五）拟提请撤销缓刑、假释或者暂予监外执行收监执行的。

《中华人民共和国社区矫正法实施办法》

第二十四条 社区矫正对象应当按照有关规定和社区矫正机构的要求，定期报告遵纪守法、接受监督管理、参加教育学习、公益活动和社会活动等情况。发生居所变化、工作变动、家庭重大变故以及接触对其矫正可能产生不利影响人员等情况时，应当及时报告。被宣告禁止令的社区矫正对象应当定期报告遵守禁止令的情况。

暂予监外执行的社区矫正对象应当每个月报告本人身体情况。保外就医的，应当到省级人民政府指定的医院检查，每三个月向执行地县级社区矫正机构、受委托的司法所提交病情复查情况。执行

地县级社区矫正机构根据社区矫正对象的病情及保证人等情况，可以调整报告身体情况和提交复查情况的期限。延长一个月至三个月以下的，报上一级社区矫正机构批准；延长三个月以上的，逐级上报省级社区矫正机构批准。批准延长的，执行地县级社区矫正机构应当及时通报同级人民检察院。

社区矫正机构根据工作需要，可以协调对暂予监外执行的社区矫正对象进行病情诊断、妊娠检查或者生活不能自理的鉴别。

第三十四条 社区矫正对象具有下列情形之一的，执行地县级社区矫正机构应当给予训诫：

（一）不按规定时间报到或者接受社区矫正期间脱离监管，未超过十日的；

（二）违反关于报告、会客、外出、迁居等规定，情节轻微的；

（三）不按规定参加教育学习等活动，经教育仍不改正的；

（四）其他违反监督管理规定，情节轻微的。

第三十五条 社区矫正对象具有下列情形之一的，执行地县级社区矫正机构应当给予警告：

（一）违反人民法院禁止令，情节轻微的；

（二）不按规定时间报到或者接受社区矫正期间脱离监管，超过十日的；

（三）违反关于报告、会客、外出、迁居等规定，情节较重的；

（四）保外就医的社区矫正对象无正当理由不按时提交病情复查情况，经教育仍不改正的；

（五）受到社区矫正机构两次训诫，仍不改正的；

（六）其他违反监督管理规定，情节较重的。

第三十六条 社区矫正对象违反监督管理规定或者人民法院禁止令，依法应予治安管理处罚的，执行地县级社区矫正机构应当及时提请同级公安机关依法给予处罚，并向执行地同级人民检察院抄送治安管理处罚建议书副本，及时通知处理结果。

第四十九条 暂予监外执行的社区矫正对象有下列情形之一的，由执行地县级社区矫正机构提出收监执行建议：

（一）不符合暂予监外执行条件的；

（二）未经社区矫正机构批准擅自离开居住的市、县，经警告拒不改正，或者拒不报告行踪，脱离监管的；

（三）因违反监督管理规定受到治安管理处罚，仍不改正的；

（四）受到社区矫正机构两次警告的；

（五）保外就医期间不按规定提交病情复查情况，经警告拒不改正的；

（六）暂予监外执行的情形消失后，刑期未满的；

（七）保证人丧失保证条件或者因不履行义务被取消保证人资格，不能在规定期限内提出新的保证人的；

（八）其他违反有关法律、行政法规和监督管理规定，情节严重的情形。

社区矫正机构一般向执行地社区矫正决定机关提出收监执行建议。如果原社区矫正决定机关与执行地县级社区矫正机构在同一省、自治区、直辖市的，可以向原社区矫正决定机关提出建议。

社区矫正机构的收监执行建议书和决定机关的决定书，应当同时抄送执行地县级人民检察院。

第九章

社区矫正表扬审批表及决定书

一、社区矫正表扬文书的概念及作用

社区矫正表扬文书包括社区矫正表扬审批表和社区矫正表扬决定书。

社区矫正表扬审批表是社区矫正机构对认罪悔罪、遵守法律法规、服从监督管理、接受教育表现突出的社区矫正对象，经审批决定依法给予表扬的法律文书。社区矫正表扬审批表包含社区矫正对象基本信息、事实及依据以及司法所、各级社区矫正机构意见等内容。

社区矫正表扬决定书是社区矫正机构经审批后认为社区矫正对象符合表扬条件，用于决定给予表扬的文书，包括基本信息，在接受矫正期间认罪悔罪、遵守法律法规、服从监督管理、接受教育表现突出的事实，审批后作出的决定等内容。

对社区矫正对象给予表扬是社区矫正机构依法进行的一项重要监督管理工作，不仅可以对社区矫正对象给予及时反馈，而且能够激励其向善生活、向好回归。因此，社区矫正机构应当严格依法运用表扬，正向加强对社区矫正对象的监督管理，促进其主动修复社会关系，提升其回归社会、融入社会的积极性。

二、社区矫正表扬相关文书的制作

（一）社区矫正表扬审批表样本、范例及制作说明

1. 文书样本

社区矫正表扬审批表

<table>
<tr><td>姓名</td><td></td><td>性别</td><td></td><td>身份证
号码</td><td colspan="2"></td></tr>
<tr><td>户籍地</td><td colspan="3"></td><td>执行地</td><td colspan="2"></td></tr>
<tr><td>罪名</td><td></td><td colspan="2">原判刑罚</td><td></td><td>附加刑</td><td></td></tr>
<tr><td>禁止令
内容</td><td colspan="3"></td><td>禁止期限
起止日</td><td colspan="2">自　年　月　日
至　年　月　日</td></tr>
<tr><td>矫正
类别</td><td></td><td>矫正
期限</td><td></td><td>起止日</td><td colspan="2">自　年　月　日
至　年　月　日</td></tr>
<tr><td>事实及依据</td><td colspan="6"></td></tr>
<tr><td>呈报单位
意见</td><td colspan="6">（公章）
年　月　日</td></tr>
<tr><td>县级社区
矫正机构
意见</td><td colspan="6">（公章）
年　月　日</td></tr>
<tr><td>县级司法
行政部门
负责人意见</td><td colspan="6">（公章）
年　月　日</td></tr>
<tr><td>备注</td><td colspan="6"></td></tr>
</table>

2. 填写范例与制作说明

案例：王某，男，因犯故意伤害罪被人民法院判处有期徒刑三年，缓刑四年。判决生效后，依法实施社区矫正，矫正期间自2019年8月6日起至2023年8月5日止。社区矫正期间，王某能够遵守法律法规及社区矫正监督管理规定，服从社区矫正机构管理，积极参加组织的教育学习和公益活动。在新冠肺炎疫情发生后，王某原先工作的医院因人手紧缺，急需一名新冠病毒血液、咽拭子标本送检人员，且执行该项工作必需持有医疗机构领血证。王某符合条件并积极请缨承担该工作，获原单位同意。自2020年1月23日起，王某承担医院所有送检任务，并在自身患病的情况下，一直坚守岗位。截至2020年7月底，王某持续工作近二百天，累计运送病毒检测标本2800余份，其中4例标本来自新冠肺炎确诊病例。现拟对王某给予社区矫正表扬。

社区矫正表扬审批表

<table>
<tr><td>姓名</td><td>王某</td><td>性别</td><td>男</td><td>身份证号码</td><td colspan="2">××××××××××
××××××××××</td></tr>
<tr><td>户籍地</td><td colspan="3">××省××市××区××街××小区××号楼×单元×××号</td><td>执行地</td><td colspan="2">××省××市××区</td></tr>
<tr><td>罪名</td><td>故意伤害罪</td><td colspan="2">原判刑罚</td><td>有期徒刑三年</td><td>附加刑</td><td>无</td></tr>
<tr><td>禁止令内容</td><td colspan="3">无</td><td>禁止期限起止日</td><td colspan="2">自　年　月　日
至　年　月　日</td></tr>
<tr><td>矫正类别</td><td>缓刑</td><td>矫正期限</td><td>四年</td><td>起止日</td><td colspan="2">自2019年8月6日
至2023年8月5日</td></tr>
</table>

续表

事实及依据	王某在社区矫正期间，能够遵守法律法规及社区矫正监督管理规定，积极参加教育学习和公益活动，表现良好。在新冠肺炎疫情发生后，王某原先工作的医院因人手紧缺，急需一名新冠病毒血液、咽拭子标本送检人员，且执行该项工作必需持有医疗机构领血证。王某符合条件并积极请缨承担该工作，获原单位同意。自2020年1月23日起，王某承担医院所有送检任务，一直坚守岗位。截至2020年7月底，王某持续工作近二百天，累计运送病毒检测标本2800余份，其中4例标本来自新冠肺炎确诊病例。 根据《中华人民共和国社区矫正法》第二十八条、《中华人民共和国社区矫正法实施办法》第三十三条规定，拟给予王某社区矫正表扬一次。
呈报单位意见	拟同意，报××市××区社区矫正机构审批 ××司法所（公章） ××年××月××日
县级社区矫正机构意见	同意 ××市××区社区矫正机构（公章） ××年××月××日
备注	

制作说明：

（1）根据《中华人民共和国社区矫正法》第二十八条以及“两高两部”《中华人民共和国社区矫正法实施办法》第三十三条规定制作。用于给予社区矫正对象表扬的审批，审批后存档。

（2）呈报单位包括受委托的司法所以及社区矫正中队等。

（3）社区矫正表扬审批表在制作时可删除“县级司法行政部门负责人意见”一栏。

（二）社区矫正表扬决定书样本、范例及制作说明

1. 文书样本

<table>
<tr><td>

社区矫正表扬决定书

（　　）　　字第　　号

社区矫正对象__________，男（女），____年____月____日出生，____族，身份证号码__________，在接受社区矫正期间，因____，依据《中华人民共和国社区矫正法》第二十八条之规定，决定给予________一次。

（公章）

年　月　日

</td></tr>
</table>

2. 填写范例与制作说明

案例： 王某，男，因犯故意伤害罪被人民法院判处有期徒刑三年，缓刑四年。判决生效后，依法实施社区矫正，矫正期间自2019年8月6日起至2023年8月5日止。在社区矫正期间，王某能够遵守法律法规及社区矫正监督管理规定，服从社区矫正机构管理，积极参加组织的教育学习和公益活动。在新冠肺炎疫情发生后，王某原先工作的医院因人手紧缺，急需一名新冠病毒血液、咽拭子标本送检人员，且执行该项工作必需持有医疗机构领血证。王某符合条件并积极请缨承担该工作，获原单位同意。自2020年1月23日起，王某承担医院所有送检任务，一直坚守岗位。截至2020年7月底，王某持续工作近二百天，累计运送病毒检测标本2800余份，其中4例标本来自新冠肺炎确诊病例。现经社区矫正机构审查核实决定给予王某社区矫正表扬一次。

社区矫正表扬决定书

（2020）××矫扬决字第1号

社区矫正对象王某，男，××××年××月××日出生，×族，身份证号码××××××××××××××××××，在接受社区矫正期间，因遵守法律法规及社区矫正监督管理规定，服从社区矫正机构管理，积极参加组织的教育学习和公益活动，在新冠肺炎疫情发生后，能够积极请缨承担医院所有新冠病毒血液、咽拭子标本送检任务，坚守岗位。截至2020年7月底，持续工作近二百天，累计运送病毒检测标本2800余份，其中4例标本来自新冠肺炎确诊病例。在服务社会等方面具有突出表现。依据《中华人民共和国社区矫正法》第二十八条之规定，决定给予表扬一次。

××市××区社区矫正机构（公章）

××××年××月××日

制作说明：

（1）本文书根据《中华人民共和国社区矫正法》第二十八条以及“两高两部”《中华人民共和国社区矫正法实施办法》第三十三条的规定制作，用于决定给予社区矫正对象表扬。

（2）填写时，“在接受社区矫正期间，因”后“______”应填写社区矫正对象认罪悔罪、遵守法律法规、服从监督管理、接受教育表现突出的事实。

（3）文书字号由年度、社区矫正机构代字、类型代字、文书编号组成，使用阿拉伯数字，例“（2020）××矫扬/训/警决字第1号”。该决定书一式两份，存档一份，送达社区矫正对象一份。

（三）注意与提示

1. 对社区矫正对象表扬审批要准确把握适用条件，严格按照程序，结合社区矫正日常表现和考核结果等进行，对于拟表扬的应开展必要的调查核实后予以认定。

2. 社区矫正机构作出的社区矫正表扬决定书应抄送人民检察院。

3. 对社区矫正对象表扬的，应当在社区矫正机构、受委托司法所进行公示，并记入档案。

4. 对未成年社区矫正对象表扬的，不公开进行。

三、社区矫正表扬文书应用环节的实体要求

（一）批准表扬的主体

社区矫正机构根据社区矫正对象的表现，依照有关规定对其实施考核奖惩，符合给予表扬条件的，执行地县级社区矫正机构可以给予表扬。表扬应严格依法进行，不得随意扩大或增设。切实通过表扬的奖励方式，达到正向激励的矫正效果。

（二）给予表扬的条件

社区矫正对象认罪悔罪、遵守法律法规、服从监督管理、接受教育表现突出的，应当给予表扬。社区矫正机构可以对社区矫正对象给予表扬的要掌握“一般条件”和“特殊条件”两种条件。

1. 一般条件

给予表扬的一般条件应当同时满足以下两点：

（1）时间条件：社区矫正对象接受社区矫正六个月以上。

（2）事实条件：①服从人民法院判决，认罪悔罪；②遵守法律

法规；③遵守关于报告、会客、外出、迁居等规定，服从社区矫正机构的管理；④积极参加教育学习等活动，接受教育矫正的。

2. 特殊条件

社区矫正对象接受社区矫正期间，有见义勇为、抢险救灾等突出表现，或者帮助他人、服务社会等突出事迹的，执行地县级社区矫正机构可以给予表扬。

四、社区矫正表扬文书应用环节的程序要求

（一）审核上报

1. 司法所发现或社区矫正对象主动报告，有符合给予表扬条件的情况。

2. 司法所应当对社区矫正对象符合表扬条件的情况进行调查核实。

3. 司法所应当收集相应证明材料，说明社区矫正对象接受社区矫正的日常表现等情况，填写《社区矫正表扬审批表》并签署意见。

4. 司法所应当向执行地社区矫正机构上报《社区矫正表扬审批表》并附相应证明材料。

（二）审批决定

1. 执行地社区矫正机构收到《社区矫正表扬审批表》及相应证明材料后，应当进行审查核实。

2. 执行地社区矫正机构可以针对材料中不明确的地方，采取通信联络或实地调查等方式与司法所进行确认，必要时亦可自行开展调查核实工作，做好工作记录。

3. 执行地社区矫正机构应当根据审查核实情况，作出是否批准

的决定。在决定前，亦可组成考核奖惩工作小组进行考核，成立小组的人员一般不少于3人且为单数，小组中应包括社区矫正机构负责人。

4. 决定给予表扬的，执行地社区矫正机构应当制发《社区矫正表扬决定书》送达司法所，并抄送人民检察院。

（三）书面通知

1. 《社区矫正表扬决定书》作出后，应当立即通知社区矫正对象。

2. 社区矫正机构、司法所可以采取向社区矫正对象当面宣读《社区矫正表扬决定书》并送达的方式给予表扬；也可以根据实际情况，如社区矫正对象行动不便等，采取走访送达或邮寄送达的方式将《社区矫正表扬决定书》送达社区矫正对象。

3. 表扬应当公示，记入档案，做到准确及时、公开公平。对未成年社区矫正对象的表扬不公开进行。

（四）教育宣传

1. 给予社区矫正对象表扬的同时，应当进行谈话教育，鼓励社区矫正对象主动修复社会关系，转变思想，积极行动，早日回归社会。

2. 执行地社区矫正机构或司法所还可以对给予表扬的社区矫正对象进行宣传，树立正面典型，发动其他社区矫正对象向榜样学习，提升全体社区矫正对象的矫正效果。

五、社区矫正表扬文书法律依据

《中华人民共和国社区矫正法》

第二十八条 社区矫正机构根据社区矫正对象的表现，依照有关规定对其实施考核奖惩。社区矫正对象认罪悔罪、遵守法律法规、服从监督管理、接受教育表现突出的，应当给予表扬。社区矫正对象违反法律法规或者监督管理规定的，应当视情节依法给予训诫、警告、提请公安机关予以治安管理处罚，或者依法提请撤销缓刑、撤销假释、对暂予监外执行的收监执行。

对社区矫正对象的考核结果，可以作为认定其是否确有悔改表现或者是否严重违反监督管理规定的依据。

《中华人民共和国社区矫正法实施办法》

第三十二条 社区矫正机构应当根据有关法律法规、部门规章和其他规范性文件，建立内容全面、程序合理、易于操作的社区矫正对象考核奖惩制度。

社区矫正机构、受委托的司法所应当根据社区矫正对象认罪悔罪、遵守有关规定、服从监督管理、接受教育等情况，定期对其考核。对于符合表扬条件、具备训诫、警告情形的社区矫正对象，经执行地县级社区矫正机构决定，可以给予其相应奖励或者处罚，作出书面决定。对于涉嫌违反治安管理行为的社区矫正对象，执行地县级社区矫正机构可以向同级公安机关提出建议。社区矫正机构奖励或者处罚的书面决定应当抄送人民检察院。

社区矫正对象的考核结果与奖惩应当书面通知其本人，定期公示，记入档案，做到准确及时、公开公平。社区矫正对象对考核奖惩提出异议的，执行地县级社区矫正机构应当及时处理，并将处理结果告知社区矫正对象。社区矫正对象对处理结果仍有异议的，可以向人民检察院提出。

第三十三条 社区矫正对象认罪悔罪、遵守法律法规、服从监督管理、接受教育表现突出的，应当给予表扬。

社区矫正对象接受社区矫正六个月以上并且同时符合下列条件的，执行地县级社区矫正机构可以给予表扬：

（一）服从人民法院判决，认罪悔罪；

（二）遵守法律法规；

（三）遵守关于报告、会客、外出、迁居等规定，服从社区矫正机构的管理；

（四）积极参加教育学习等活动，接受教育矫正的。

社区矫正对象接受社区矫正期间，有见义勇为、抢险救灾等突出表现，或者帮助他人、服务社会等突出事迹的，执行地县级社区矫正机构可以给予表扬。对于符合法定减刑条件的，由执行地县级社区矫正机构依照本办法第四十二条的规定，提出减刑建议。

第十章

社区矫正训诫审批表及决定书

一、社区矫正训诫文书的概念及作用

社区矫正训诫文书包括社区矫正训诫审批表和社区矫正训诫决定书。

社区矫正训诫审批表是社区矫正机构对违反法律法规或者监督管理规定的社区矫正对象，经审批符合给予训诫条件并依法决定给予训诫的法律文书，包含社区矫正对象的基本信息、事实及依据以及司法所、各级社区矫正机构意见等内容。

社区矫正训诫决定书是社区矫正机构经审批后认为社区矫正对象符合训诫条件，用于决定给予训诫的文书，包括基本信息、在接受矫正期间违反监督管理规定的事实、审批后作出的决定等内容。

训诫是一种处罚措施，是社区矫正机构针对社区矫正对象在矫正期间的行为表现依法作出的刑事执行性质的处罚，不属于行政处罚。社区矫正对象对训诫不服，不能提起行政复议和行政诉讼，但是可以向作出决定的机关申请复核，也可以向人民检察院申诉。给予训诫处罚时，应当严格按照法律规定的程序和条件进行，既要维护执法权威和司法公信力，也要保障社区矫正对象的合法权益。

二、社区矫正训诫相关文书的制作

（一）社区矫正训诫审批表样本、范本及制作说明

1. 文书样本

社区矫正训诫审批表

<table>
<tr><td>姓名</td><td></td><td>性别</td><td></td><td>身份证
号码</td><td colspan="2"></td></tr>
<tr><td>户籍地</td><td colspan="3"></td><td>执行地</td><td colspan="2"></td></tr>
<tr><td>罪名</td><td></td><td colspan="2">原判刑罚</td><td></td><td>附加刑</td><td></td></tr>
<tr><td>禁止令
内容</td><td colspan="3"></td><td>禁止期限
起止日</td><td colspan="2">自　年　月　日
至　年　月　日</td></tr>
<tr><td>矫正
类别</td><td></td><td>矫正
期限</td><td></td><td>起止日</td><td colspan="2">自　年　月　日
至　年　月　日</td></tr>
<tr><td>事实及依据</td><td colspan="6"></td></tr>
<tr><td>呈报单位
意见</td><td colspan="6">（公章）
年　月　日</td></tr>
<tr><td>县级社区
矫正机构
意见</td><td colspan="6">（公章）
年　月　日</td></tr>
<tr><td>县级司法
行政部门
负责人意见</td><td colspan="6">（公章）
年　月　日</td></tr>
<tr><td>备注</td><td colspan="6"></td></tr>
</table>

2. 填写范例与制作说明

案例：刘某某，因犯非法持有枪支罪被人民法院判处有期徒刑七个月，缓刑一年。判决生效后，依法实施社区矫正。矫正期间，刘某某于2020年7月13日晚，因家中亲属身体不适需紧急前往指定的北京医院就医，遂在未向司法所报告批准的情况下，擅自开车离开天津送家属到北京就医，其于2020年7月14日上午返回天津后主动向司法所报告了上述情况，并提交了家属就医记录及交通往返记录等材料。现拟对刘某某给予社区矫正训诫。

社区矫正训诫审批表

<table>
<tr><td>姓名</td><td>刘某某</td><td>性别</td><td>男</td><td>身份证号码</td><td colspan="2">××××××××××××××××××</td></tr>
<tr><td>户籍地</td><td colspan="3">天津市××区××街××小区××号楼×单元×××号</td><td>执行地</td><td colspan="2">天津市××区</td></tr>
<tr><td>罪名</td><td>非法持有枪支罪</td><td colspan="2">原判刑罚</td><td>有期徒刑七个月</td><td>附加刑</td><td>无</td></tr>
<tr><td>禁止令内容</td><td colspan="3">无</td><td>禁止期限起止日</td><td colspan="2">自　年　月　日
至　年　月　日</td></tr>
<tr><td>矫正类别</td><td>缓刑</td><td>矫正期限</td><td>一年</td><td>起止日</td><td colspan="2">自2020年1月6日
至2021年1月5日</td></tr>
<tr><td>事实及依据</td><td colspan="6">2020年7月14日，社区矫正对象刘某某向司法所主动报告其因家属突发身体不适，于7月13日晚私自开车离开天津送亲属到北京就医，后于7月14日上午返回天津的情况，并提交了就医记录及交通往返记录等材料。社区矫正对象刘某某违反外出管理规定，情节轻微，符合给予训诫的法律情形，根据《中华人民共和国社区矫正法》第二十八条、《中华人民共和国社区矫正法实施办法》第三十四条规定，拟给予刘某某社区矫正训诫一次。</td></tr>
</table>

续表

呈报单位意见	拟同意，报天津市××区社区矫正机构审批 ××司法所（公章） ××年××月××日
县级社区矫正机构意见	同意 ××区社区矫正机构（公章） ××年××月××日
备注	

制作说明：

（1）根据《中华人民共和国社区矫正法》第二十八条以及“两高两部”《中华人民共和国社区矫正法实施办法》第三十四条的规定制作。用于给予社区矫正对象训诫的审批，审批后存档。

（2）呈报单位包括受委托的司法所以及社区矫正中队等。

（3）社区矫正训诫审批表在制作时可删除“县级司法行政部门负责人意见”一栏。

（二）社区矫正训诫决定书样本、范例及制作说明

1. 文书样本

社区矫正训诫决定书

（　　）　　字第　　号

社区矫正对象＿＿＿＿＿，男（女），＿＿年＿＿月＿＿日出生，＿＿族，身份证号码＿＿＿＿＿，在接受社区矫正期间，因

＿＿＿＿＿＿＿＿＿＿＿＿＿＿＿＿＿＿＿＿＿＿＿＿＿＿＿＿＿＿

＿＿＿＿＿＿＿＿＿＿＿＿＿＿＿＿＿＿＿＿＿＿＿＿＿＿＿＿＿，

依据《中华人民共和国社区矫正法》第二十八条（第二十九条）之规定，决定给予________一次（使用电子定位装置，期限为________）。

（公章）
年　月　日

2. 填写范例与制作说明

案例：刘某某，因犯非法持有枪支罪被人民法院判处有期徒刑七个月，缓刑一年。判决生效后，依法实施社区矫正。矫正期间，刘某某于2020年7月13日晚，因家中亲属身体不适需紧急前往指定的北京医院就医，遂在未向司法所报告批准的情况下，擅自开车离开天津送家属到北京就医，其于2020年7月14日上午返回天津后主动向司法所报告了上述情况，并提交了家属就医记录及交通往返记录等材料。现经社区矫正机构审查核实决定给予刘某某社区矫正训诫一次。

社区矫正训诫决定书

（2020）××矫训字第1号

社区矫正对象刘某某，男，××××年××月××日出生，汉族，身份证号码××××××××××××××××××，在接受社区矫正期间，因未经批准擅自离开居住地市、县，违反了社区矫正外出管理规定，情节轻微，依据《中华人民共和国社区矫正法》第二十八条之规定，决定给予训诫一次。

××区社区矫正机构（公章）
××××年××月××日

制作说明：

（1）本文书根据《中华人民共和国社区矫正法》第二十八条以及“两高两部”《中华人民共和国社区矫正法实施办法》第三十四条的规定制作，用于决定给予社区矫正对象训诫。

（2）填写时，“在接受社区矫正期间，因”后“__________”应填写社区矫正对象违反监督管理规定的事实。

（3）文书字号由年度、社区矫正机构代字、类型代字、文书编号组成，使用阿拉伯数字，例“（2020）××矫训决字第1号”。该决定书一式两份，存档一份，送达社区矫正对象一份。

（三）注意与提示

1. 对社区矫正对象给予训诫审批要准确把握适用条件，严格按照程序，在开展必要的调查核实并收集固定证据材料后，对违反监督管理规定的训诫情形予以认定。

2. 社区矫正机构作出的社区矫正训诫决定书应抄送人民检察院。

3. 对社区矫正对象训诫的，应当在社区矫正机构、受委托司法所进行公示，并记入档案。

4. 对未成年社区矫正对象训诫的，不公开进行，通知其监护人到场。

三、社区矫正训诫文书应用环节的实体要求

（一）给予训诫的主体

给予训诫的主体是执行地县级社区矫正机构。需要注意的是，训诫是执行地县级社区矫正机构应当依法履行的义务，也就是说当社区矫正对象具有给予训诫的情形时，执行地县级社区矫正机构就

应当依法给予训诫；而如果社区矫正对象不具有给予训诫的情形，执行地县级社区矫正机构就不能给予训诫。给予还是不给予，都应当依法实施，这是执法规范化要求的应有之义。

（二）应当依法给予训诫的情形

1. 不按规定时间报到或者接受社区矫正期间脱离监管，未超过十日的。

2. 违反关于报告、会客、外出、迁居等规定，情节轻微的。

3. 不按规定参加教育学习等活动，经教育仍不改正的。

4. 其他违反监督管理规定，情节轻微的。

（三）区分事实及依据

在填写《社区矫正训诫审批表》时，既要注意写清楚事实，也要写清楚依据。尤其针对给予训诫情形中“其他违反监督管理规定，情节轻微的”这种兜底性条款，不仅应当写清楚存在其他违反监督管理规定的事实，而且应当认定“情节轻微”，才能根据此情形作为依法给予训诫的依据。因为这种兜底性条款的事实和依据是完全不同的两个概念，不能含混不清，要避免执法随意性的情况出现，同时在矫正实践过程中，对于兜底条款适用情形，同一社区矫正机构亦应尽可能统一执法标准，避免同事项不同处罚的结果。事实上，给予训诫应当尽量避免使用兜底性条款，一旦使用，就应当做到事实清楚、依据充分。

四、社区矫正训诫文书应用环节的程序要求

（一）审核上报

1. 司法所发现社区矫正对象有违反法律法规或者监督管理规

定，具备应当给予训诫的情形。

2. 司法所应当对社区矫正对象具备训诫的情形，通过实地查访、通信联络、谈话询问等方式进行调查核实，并留存相应的工作记录。

3. 司法所应当收集相应证据材料，填写《社区矫正训诫审批表》并签署意见。

4. 司法所应当向执行地县级社区矫正机构上报《社区矫正训诫审批表》并附相应证据材料。

（二）审批决定

1. 执行地县级社区矫正机构收到《社区矫正训诫审批表》及相应证据材料后，应当进行实质性审查核实。

2. 执行地县级社区矫正机构可以针对材料中不明确的地方，采取通信联络或实地调查等方式与司法所进行确认，必要时亦可自行开展调查核实，做好工作记录。

3. 执行地县级社区矫正机构应当根据审查核实情况，作出是否给予训诫的决定。在决定前，可组成考核奖惩工作小组进行评定，成立小组的人员一般不少于3人且为单数，小组中应包括社区矫正机构负责人。

4. 对于社区矫正机构登记接收时，社区矫正对象无正当理由不按规定时间报到未超过十日的，社区矫正机构应当依职权开展调查核实，并按照前述程序作出是否给予训诫的决定。

5. 决定给予训诫的，执行地县级社区矫正机构应当制发《社区矫正训诫决定书》送达司法所，并抄送人民检察院。

（三）书面通知

1. 《社区矫正训诫决定书》作出后，应当立即通知社区矫正对象。

2. 社区矫正机构、司法所可以组织宣告，有条件的可以召集矫正小组成员参与宣告，向社区矫正对象送达《社区矫正训诫决定书》，进行训诫；对行动确有不便的社区矫正对象，可以采取走访送达或邮寄送达的方式将《社区矫正训诫决定书》送达社区矫正对象。对未成年社区矫正对象的训诫不公开进行，通知其监护人到场。

3. 训诫应当公示，记入档案，做到准确及时、公开公平。

4. 应当将给予训诫情况纳入对社区矫正对象日常考核结果，并作为调整管理分类、矫正方案依据，制定针对性矫正措施，加强监督管理。

（四）异议处理

1. 司法所应当告知社区矫正对象，如对训诫有异议，可以向执行地县级社区矫正机构提出，社区矫正机构应当及时处理，并将处理结果告知社区矫正对象。

2. 社区矫正对象对社区矫正机构训诫异议的处理结果，仍持有异议的，可以向人民检察院提出。

3. 如社区矫正对象向人民检察院申诉，检察院应当及时处理，将处理结果告知社区矫正对象并通报执行地社区矫正机构。

（五）教育宣传

1. 给予社区矫正对象训诫后，应当立即开展谈话教育，重申社区矫正相关规定纪律，要求社区矫正对象明确身份、遵纪守法、转变思想，认真接受社区矫正，早日回归社会。

2. 执行地县级社区矫正机构或司法所可以结合训诫情况，采取制作案例并通报的方式，在管辖区域内开展警示教育，引起全体社区矫正对象的重视，杜绝问题的再次发生，但应注重保护社区矫正对象的身份信息和个人隐私。

五、社区矫正训诫文书法律依据

《中华人民共和国社区矫正法》

第二十八条 社区矫正机构根据社区矫正对象的表现，依照有关规定对其实施考核奖惩。社区矫正对象认罪悔罪、遵守法律法规、服从监督管理、接受教育表现突出的，应当给予表扬。社区矫正对象违反法律法规或者监督管理规定的，应当视情节依法给予训诫、警告、提请公安机关予以治安管理处罚，或者依法提请撤销缓刑、撤销假释、对暂予监外执行的收监执行。

对社区矫正对象的考核结果，可以作为认定其是否确有悔改表现或者是否严重违反监督管理规定的依据。

《中华人民共和国社区矫正法实施办法》

第三十二条 社区矫正机构应当根据有关法律法规、部门规章和其他规范性文件，建立内容全面、程序合理、易于操作的社区矫正对象考核奖惩制度。

社区矫正机构、受委托的司法所应当根据社区矫正对象认罪悔罪、遵守有关规定、服从监督管理、接受教育等情况，定期对其考核。对于符合表扬条件、具备训诫、警告情形的社区矫正对象，经执行地县级社区矫正机构决定，可以给予其相应奖励或者处罚，作出书面决定。对于涉嫌违反治安管理行为的社区矫正对象，执行地县级社区矫正机构可以向同级公安机关提出建议。社区矫正机构奖励或者处罚的书面决定应当抄送人民检察院。

社区矫正对象的考核结果与奖惩应当书面通知其本人，定期公示，记入档案，做到准确及时、公开公平。社区矫正对象对考核奖惩提出异议的，执行地县级社区矫正机构应当及时处理，并将处理结果告知社区矫正对象。社区矫正对象对处理结果仍有异议的，可以向人民检察院提出。

第三十四条 社区矫正对象具有下列情形之一的，执行地县级社区矫正机构应当给予训诫：

（一）不按规定时间报到或者接受社区矫正期间脱离监管，未超过十日的；

（二）违反关于报告、会客、外出、迁居等规定，情节轻微的；

（三）不按规定参加教育学习等活动，经教育仍不改正的；

（四）其他违反监督管理规定，情节轻微的。

第十一章

社区矫正警告审批表及决定书

一、社区矫正警告文书的概念及作用

社区矫正警告文书包括社区矫正警告审批表和社区矫正警告决定书。

社区矫正警告审批表是社区矫正机构对违反法律法规或者监督管理规定的社区矫正对象，经审批符合给予警告条件并依法决定给予警告的法律文书，包含社区矫正对象的基本信息、事实及依据以及司法所、各级社区矫正机构意见等内容。

社区矫正警告决定书是社区矫正机构经审批后认为社区矫正对象符合警告条件，用于决定给予警告的文书，包括基本信息、在接受矫正期间违反监督管理规定的事实、审批后作出的决定等内容。

给予警告处罚时，应当严格按照法律规定的程序和条件进行，既要维护执法权威和司法公信力，也要保障社区矫正对象的合法权益。

二、社区矫正警告相关文书的制作

（一）社区矫正警告审批表样本、范例及制作说明

1. 文书样本

社区矫正警告审批表

<table>
<tr><td>姓名</td><td></td><td>性别</td><td></td><td>身份证
号码</td><td colspan="2"></td></tr>
<tr><td>户籍地</td><td colspan="3"></td><td>执行地</td><td colspan="2"></td></tr>
<tr><td>罪名</td><td></td><td colspan="2">原判刑罚</td><td></td><td>附加刑</td><td></td></tr>
<tr><td>禁止令
内容</td><td colspan="3"></td><td>禁止期限
起止日</td><td colspan="2">自　年　月　日
至　年　月　日</td></tr>
<tr><td>矫正
类别</td><td></td><td>矫正
期限</td><td></td><td>起止日</td><td colspan="2">自　年　月　日
至　年　月　日</td></tr>
<tr><td>事实及依据</td><td colspan="6"></td></tr>
<tr><td>呈报单位
意见</td><td colspan="6">（公章）
年　月　日</td></tr>
<tr><td>县级社区
矫正机构
意见</td><td colspan="6">（公章）
年　月　日</td></tr>
<tr><td>县级司法
行政部门
负责人意见</td><td colspan="6">（公章）
年　月　日</td></tr>
<tr><td>备注</td><td colspan="6"></td></tr>
</table>

2. 填写范例与制作说明

案例：社区矫正对象唐某某，男，因犯故意伤害罪被人民法院判处有期徒刑一年，缓刑二年。判决生效后，依法实施社区矫正。社区矫正期间，根据司法所要求，唐某某应于2020年8月13日17时前到司法所进行当面报告。但唐某某该日一直未到司法所报到，工作人员经多次同其电话联系未果，遂同唐某某父亲取得联系，告知其父亲通知唐某某尽快同司法所取得联系报告情况。当晚20时，唐某某电话联系司法所工作人员表示，忘记履行当面报告，且忘记随身携带手机。8月14日，司法所要求其到所里当面说明情况，并经调查核实昨日唐某某确在单位工作，不存在擅自外出等其他违反监管规定的情形。现拟对唐某某给予社区矫正警告。

社区矫正警告审批表

<table>
<tr><td>姓名</td><td>唐某某</td><td>性别</td><td>男</td><td>身份证号码</td><td colspan="2">××××××××××××××××××</td></tr>
<tr><td>户籍地</td><td colspan="3">××省××市××区××街××小区××号楼×单元×××号</td><td>执行地</td><td colspan="2">××省××市××区</td></tr>
<tr><td>罪名</td><td>故意伤害罪</td><td colspan="2">原判刑罚</td><td>有期徒刑一年</td><td>附加刑</td><td>无</td></tr>
<tr><td>禁止令内容</td><td colspan="3">无</td><td>禁止期限起止日</td><td colspan="2">自　年　月　日
至　年　月　日</td></tr>
<tr><td>矫正类别</td><td>缓刑</td><td>矫正期限</td><td>二年</td><td>起止日</td><td colspan="2">自2020年2月6日
至2022年2月5日</td></tr>
</table>

续表

事实及依据	2020 年 8 月 13 日，根据规定，社区矫正对象唐某某应当于当日 17∶00 前抵达司法所进行当面报告，但唐某某一直未到司法所也未与工作人员联系。工作人员于 17∶00—18∶00，先后给唐某某打三次电话，均处于无人接听状态。随后，工作人员与唐某某父亲取得联系，要求其父亲通知唐某某尽快与工作人员取得联系。当晚 20∶00，唐某某电话联系工作人员，表示忘记履行报告义务，且忘记随身携带手机。社区矫正对象唐某某违反报告管理规定，情节较重，符合给予警告的法律情形，根据《中华人民共和国社区矫正法》第二十八条，《中华人民共和国社区矫正法实施办法》第三十五条规定，拟给予唐某某社区矫正警告一次。
呈报单位意见	拟同意，报××市××区社区矫正机构审批 ××司法所（公章） ××年××月××日
县级社区矫正机构意见	同意 ××区社区矫正机构（公章） ××年××月××日
备注	

制作说明：

（1）根据《中华人民共和国社区矫正法》第二十八条以及“两高两部”《中华人民共和国社区矫正法实施办法》第三十五条的规定制作。用于给予社区矫正对象警告的审批，审批后存档。

（2）呈报单位包括受委托的司法所以及社区矫正中队等。

（3）社区矫正警告审批表在制作时可删除“县级司法行政部门负责人意见”一栏。

（二）社区矫正警告决定书样本、范例及制作说明

1. 文书样本

社区矫正警告决定书

（　　）　　字第　　号

社区矫正对象__________，男（女），____年___月___日出生，___族，身份证号码__________，在接受社区矫正期间，因____，依据《中华人民共和国社区矫正法》第二十八条（第二十九条）之规定，决定给予________一次（使用电子定位装置，期限为__________）。

（公章）

年　月　日

2. 填写范例与制作说明

案例：社区矫正对象唐某某，男，因犯故意伤害罪被人民法院判处有期徒刑一年，缓刑二年。判决生效后，依法实施社区矫正。社区矫正期间，根据司法所要求，唐某某应于2020年8月13日17时前到司法所进行当面报告。但唐某某该日一直未到司法所报到，工作人员经多次同其电话联系未果，遂同唐某某父亲取得联系，告知其父亲通知唐某某尽快同司法所取得联系报告情况。当晚20时，唐某某电话联系司法所工作人员表示，忘记履行当面报告，且忘记随身携带手机。8月14日，司法所要求其到所里当面说明情况，并经调查核实昨日唐某某确在单位工作，不存在擅自外出等其他违反监管规定情形。经社区矫正机构审查核实决定给予唐某某社区矫正警告一次。

社区矫正警告决定书

（2020）××矫警决字第1号

社区矫正对象唐某某，男，××××年××月××日出生，汉族，身份证号码××××××××××××××××××，在接受社区矫正期间，因违反报告管理规定，情节较重，符合给予警告的法律情形，依据《中华人民共和国社区矫正法》第二十八条之规定，决定给予警告一次。

××区社区矫正机构（公章）

××××年××月××日

制作说明：

（1）本文书根据《中华人民共和国社区矫正法》第二十八条以及“两高两部”《中华人民共和国社区矫正法实施办法》第三十五条的规定制作，用于决定给予社区矫正对象警告。

（2）填写时，“在接受社区矫正期间，因”后“__________”应填写社区矫正对象违反监督管理规定的事实。

（3）文书字号由年度、社区矫正机构代字、类型代字、文书编号组成，使用阿拉伯数字，例“（2020）××矫警决字第1号”。该决定书一式两份，存档一份，送达社区矫正对象一份。

（三）注意与提示

1. 对社区矫正对象给予警告审批要准确把握适用条件，严格按照程序，在开展必要的调查核实并收集固定证据材料后，对违反监督管理规定的警告情形予以认定。

2. 社区矫正机构作出的社区矫正警告决定书应抄送人民检察院。

3. 对社区矫正对象警告的，应当在社区矫正机构、受委托司法所进行公示，并记入档案。

4. 对未成年社区矫正对象的警告不公开进行，通知其监护人到场。

三、社区矫正警告文书应用环节的实体要求

（一）警告的性质

警告跟训诫一样，都是一种处罚措施，是社区矫正机构针对社区矫正对象在矫正期间的行为表现依法作出的刑事执行性质的处罚，不属于行政处罚。社区矫正对象对警告不服，不能提起行政复议和行政诉讼，但是可以向作出决定的机关申请复核，也可以向人民检察院申诉。

（二）给予警告的主体

给予警告的主体是执行地县级社区矫正机构。需要注意的是，警告是执行地县级社区矫正机构应当依法履行的义务，也就是说当社区矫正对象具有给予警告的情形时，执行地县级社区矫正机构就应当依法给予警告；而如果社区矫正对象不具有给予警告的情形，执行地县级社区矫正机构就不能给予警告。给予还是不给予，都应当依法实施，这是执法规范化要求的应有之义。

（三）应当依法给予警告的情形

1. 违反人民法院禁止令，情节轻微的。

2. 不按规定时间报到或者接受社区矫正期间脱离监管，超过十日的。

3. 违反关于报告、会客、外出、迁居等规定，情节较重的。

4. 保外就医的社区矫正对象无正当理由不按时提交病情复查

情况，经教育仍不改正的。

5. 受到社区矫正机构两次训诫，仍不改正的。

6. 其他违反监督管理规定，情节较重的。

（四）对于警告情形需要注意的两点问题

一是区分事实及依据。在填写《社区矫正警告审批表》时，要注意既写清楚事实，也写清楚依据。尤其针对给予警告情形中“其他违反监督管理规定，情节较重的”这种兜底性条款，不仅应当写清楚存在其他违反监督管理规定的事实，而且应当认定“情节较重”，才能根据此情形作为依法给予警告的依据。因为这种兜底性条款的事实和依据是完全不同的两个概念，不能含混不清，要尽量统一执法标准，避免执法随意性的情况出现。事实上，给予警告应当尽量避免使用兜底性条款，一旦使用，就应当做到事实清楚、依据充分。

二是准确理解和把握“仍不改正”的意思。应当给予警告第四和第五两种情形表述中均有“仍不改正”的文字内容。此处“仍不改正”的意思，是针对前句所述情形再次发生的情况，只有“再次发生”才符合“仍不改正”的条件。举例说明，如应当给予警告的第五个情形“受到社区矫正机构两次训诫，仍不改正的”，认定此情形中“仍不改正”的条件，是社区矫正对象再次达到了给予训诫的条件，方可认定为“仍不改正”，也就是说只有社区矫正对象给予两次训诫后，又一次发生了应当给予训诫的行为，才可以根据此条款给予社区矫正对象警告处罚。因此，在实践中，不能随意认定“仍不改正”，必须根据前句情形进行认定。

四、社区矫正警告文书应用环节的程序要求

（一）审核上报

1. 司法所发现社区矫正对象有违反法律法规或者监督管理规定，具备应当给予警告的情形。

2. 司法所应当对社区矫正对象具备警告的情形，通过实地查访、通信联络、谈话询问等方式进行调查核实，并留存相应的工作记录。

3. 司法所应当收集相应证据材料，填写《社区矫正警告审批表》并签署意见。

4. 司法所应当向执行地县级社区矫正机构上报《社区矫正警告审批表》并附相应证据材料。

（二）审批决定

1. 执行地县级社区矫正机构收到《社区矫正警告审批表》及相应证据材料后，应当进行实质性审查核实。

2. 执行地县级社区矫正机构可以针对材料中不明确的地方，采取通信联络或实地调查等方式与司法所进行确认，必要时亦可自行开展调查核实，做好工作记录。

3. 执行地县级社区矫正机构应当根据审查核实情况，作出是否给予警告的决定。在决定前，可组成考核奖惩工作小组进行评定，成立小组的人员一般不少于 3 人且为单数，小组中应包括社区矫正机构负责人。

4. 对于社区矫正机构登记接收时，社区矫正对象无正当理由不按规定时间报到超过十日的，社区矫正机构应当依职权开展调查核实，并按照前述程序作出是否给予警告的决定。

5. 决定给予警告的，执行地县级社区矫正机构应当制发《社区矫正警告决定书》送达司法所，并将书面决定抄送人民检察院。

6. 对于拒不按照规定报告自己的活动情况，被给予警告的，社区矫正机构可以报县级司法行政部门负责人批准，同时使用电子定位装置，加强监督管理。

（三）书面通知

1. 《社区矫正警告决定书》作出后，应当立即通知社区矫正对象。

2. 社区矫正机构、司法所可以组织宣告，有条件的可以召集矫正小组成员参与宣告，向社区矫正对象当面宣读送达《社区矫正警告决定书》；对行动确有不便的社区矫正对象，可以采取走访送达或邮寄送达的方式将《社区矫正警告决定书》送达社区矫正对象。对未成年社区矫正对象的警告不公开进行，并通知监护人到场。

3. 警告应当公示，记入档案，做到准确及时、公开公平。

4. 应当将给予警告情况纳入对社区矫正对象日常考核结果，并作为调整管理分类、矫正方案依据，制定针对性矫正措施，加强监督管理。

（四）异议处理

1. 司法所应当告知社区矫正对象，如对警告有异议，可以向执行地县级社区矫正机构提出，社区矫正机构应当及时处理，并将处理结果告知社区矫正对象。

2. 社区矫正对象对社区矫正机构警告异议的处理结果，仍持有异议的，可以向人民检察院提出。

3. 如社区矫正对象向人民检察院申诉，检察院应当及时处理，将处理结果告知社区矫正对象并通报执行地县级社区矫正机构。

（五）教育宣传

1. 给予社区矫正对象警告后，应当立即开展谈话教育，重申社区矫正相关规定纪律，要求社区矫正对象明确身份、遵纪守法、转变思想，认真接受社区矫正，早日回归社会。

2. 执行地县级社区矫正机构或司法所还可以结合警告情况，采取制作案例并通报的方式，在管辖区域内开展警示教育，引起全体社区矫正对象的重视，杜绝问题的再次发生。但应注重保护社区矫正对象的身份信息和个人隐私。

五、社区矫正警告文书法律依据

《中华人民共和国社区矫正法》

第二十八条 社区矫正机构根据社区矫正对象的表现，依照有关规定对其实施考核奖惩。社区矫正对象认罪悔罪、遵守法律法规、服从监督管理、接受教育表现突出的，应当给予表扬。社区矫正对象违反法律法规或者监督管理规定的，应当视情节依法给予训诫、警告、提请公安机关予以治安管理处罚，或者依法提请撤销缓刑、撤销假释、对暂予监外执行的收监执行。

对社区矫正对象的考核结果，可以作为认定其是否确有悔改表现或者是否严重违反监督管理规定的依据。

《中华人民共和国社区矫正法实施办法》

第三十二条 社区矫正机构应当根据有关法律法规、部门规章和其他规范性文件，建立内容全面、程序合理、易于操作的社区矫正对象考核奖惩制度。

社区矫正机构、受委托的司法所应当根据社区矫正对象认罪悔罪、遵守有关规定、服从监督管理、接受教育等情况，定期对其考核。对于符合表扬条件、具备训诫、警告情形的社区矫正对象，经执行地县级社区矫正机构决定，可以给予其相应奖励或者处罚，作出书面决定。对于涉嫌违反治安管理行为的社区矫正对象，执行地县级社区矫正机构可以向同级公安机关提出建议。社区矫正机构奖励或者处罚的书面决定应当抄送人民检察院。

社区矫正对象的考核结果与奖惩应当书面通知其本人，定期公示，记入档案，做到准确及时、公开公平。社区矫正对象对考核奖惩提出异议的，执行地县级社区矫正机构应当及时处理，并将处理结果告知社区矫正对象。社区矫正对象对处理结果仍有异议的，可以向人民检察院提出。

第三十五条 社区矫正对象具有下列情形之一的，执行地县级社区矫正机构应当给予警告：

（一）违反人民法院禁止令，情节轻微的；

（二）不按规定时间报到或者接受社区矫正期间脱离监管，超过十日的；

（三）违反关于报告、会客、外出、迁居等规定，情节较重的；

（四）保外就医的社区矫正对象无正当理由不按时提交病情复查情况，经教育仍不改正的；

（五）受到社区矫正机构两次训诫，仍不改正的；

（六）其他违反监督管理规定，情节较重的。

第十二章

社区矫正使用电子定位装置审批表、决定书及告知书

一、社区矫正使用电子定位装置文书的概念及作用

社区矫正使用电子定位装置文书包括社区矫正使用电子定位装置审批表、社区矫正使用电子定位装置决定书、对社区矫正对象使用电子定位装置告知书。

社区矫正使用电子定位装置审批表是社区矫正对象因违反法律法规或者监督管理规定，符合可以使用电子定位装置情形，经县级司法行政部门负责人批准，对社区矫正对象依法决定使用电子定位装置的法律文书。社区矫正使用电子定位装置审批表包含社区矫正对象的基本信息、事实及依据，以及司法所、社区矫正机构、司法行政部门负责人意见等内容。

社区矫正使用电子定位装置决定书是经审批后认为社区矫正对象符合使用电子定位装置条件的，用于决定对其使用电子定位装置的文书，包括基本信息、在接受矫正期间违反监督管理规定的事实、审批后作出的决定等内容。

对社区矫正对象使用电子定位装置告知书是用于告知社区矫正

对象对其使用电子定位装置，包括使用电子定位装置的期限、要求以及违反监管规定后果。

使用电子定位装置时，应当严格按照法律规定的程序和条件进行，既要维护执法权威和司法公信力，也要保障社区矫正对象的合法权益。

二、社区矫正使用电子定位装置相关文书的制作

（一）社区矫正使用电子定位装置审批表样本、范例及制作说明

1. 文书样本

社区矫正使用电子定位装置审批表

<table>
<tr><td>姓名</td><td></td><td>性别</td><td></td><td>身份证
号码</td><td colspan="2"></td></tr>
<tr><td>户籍地</td><td colspan="3"></td><td>执行地</td><td colspan="2"></td></tr>
<tr><td>罪名</td><td></td><td colspan="2">原判刑罚</td><td></td><td>附加刑</td><td></td></tr>
<tr><td>禁止令
内容</td><td colspan="3"></td><td>禁止期限
起止日</td><td colspan="2">自　年　月　日
至　年　月　日</td></tr>
<tr><td>矫正
类别</td><td></td><td>矫正
期限</td><td></td><td>起止日</td><td colspan="2">自　年　月　日
至　年　月　日</td></tr>
<tr><td>事实及依据</td><td colspan="6"></td></tr>
<tr><td>呈报单位
意见</td><td colspan="6">（公章）
年　月　日</td></tr>
</table>

续表

县级社区矫正机构意见	（公章） 年 月 日
县级司法行政部门负责人意见	（公章） 年 月 日
备注	

2. 填写范例与制作说明

案例：宋某某，男，因犯生产、销售假药罪被人民法院判处有期徒刑一年，缓刑二年，并处罚金人民币五万元，同时宣告禁止在缓刑考验期内，从事药品生产、销售及相关活动。判决生效后，依法实施社区矫正。社区矫正期间，司法所工作人员到宋某某住所进行实地查访发现，其住所处有一张药品广告宣传海报。经工作人员调查询问，宋某某承认其帮助他人设计制作药品广告宣传海报样品。现拟对宋某某使用电子定位装置。

社区矫正使用电子定位装置审批表

<table>
<tr><td>姓名</td><td>宋某某</td><td>性别</td><td>男</td><td>身份证号码</td><td colspan="2">××××××××××××××××××</td></tr>
<tr><td>户籍地</td><td colspan="3">××省××市××区××街××小区××号楼×单元×××号</td><td>执行地</td><td colspan="2">××省××市××区</td></tr>
<tr><td>罪名</td><td>生产、销售假药罪</td><td colspan="2">原判刑罚</td><td>有期徒刑一年</td><td>附加刑</td><td>罚金人民币五万元</td></tr>
</table>

续表

<table>
<tr><td>禁止令
内容</td><td colspan="3">禁止在缓刑考验期限内从事药品生产、销售及相关活动</td><td>禁止期限
起止日</td><td>自 2020 年 3 月 6 日
至 2022 年 3 月 5 日</td></tr>
<tr><td>矫正
类别</td><td>缓刑</td><td>矫正
期限</td><td>二年</td><td>起止日</td><td>自 2020 年 3 月 6 日
至 2022 年 3 月 5 日</td></tr>
<tr><td>事实及依据</td><td colspan="5">2020 年 9 月 15 日，司法所工作人员到达社区矫正对象宋某某住所进行实地查访，发现其住所有一张药品广告宣传海报。经调查询问，宋某某承认其帮助他人设计并制作了药品广告宣传海报样品。社区矫正对象宋某某违反禁止令要求，在缓刑考验期限内从事药品相关的广告设计制作活动，符合可以使用电子定位装置的法律情形，根据《中华人民共和国社区矫正法》第二十九条规定，拟对宋某某使用电子定位装置三个月。</td></tr>
<tr><td>呈报单位
意见</td><td colspan="5">拟同意，报市××区社区矫正机构审批
××司法所（公章）
××年××月××日</td></tr>
<tr><td>县级社区
矫正机构
意见</td><td colspan="5">拟同意，报××市××区司法局审批
××市××区社区矫正机构（公章）
××年××月××日</td></tr>
<tr><td>县级司法
行政部门
负责人意见</td><td colspan="5">同意
××市××区司法局（公章）
××年××月××日</td></tr>
<tr><td>备注</td><td colspan="5"></td></tr>
</table>

制作说明：

（1）根据《中华人民共和国社区矫正法》第二十九条的规定制作。用于对社区矫正对象使用电子定位装置的审批，审批后存档。

（2）呈报单位包括受委托的司法所以及社区矫正中队等。

（3）使用电子定位装置审批应当经县级司法行政部门负责人审批。

（二）社区矫正使用电子定位装置决定书样本、范例及制作说明

1. 文书样本

社区矫正使用电子定位装置决定书

（　　）　　字第　　号

社区矫正对象__________，男（女），____年____月____日出生，____族，身份证号码__________，在接受社区矫正期间，因____，依据《中华人民共和国社区矫正法》第二十八条（第二十九条）之规定，决定给予________一次（使用电子定位装置，期限为________）。

（公章）

年　月　日

2. 填写范例与制作说明

案例：宋某某，男，因犯生产、销售假药罪被人民法院判处有期徒刑一年，缓刑二年，并处罚金人民币五万元，同时宣告禁止在缓刑考验期内，从事药品生产、销售及相关活动。判决生效后，依法实施社区矫正。社区矫正期间，司法所工作人员到宋某某住所进行实地查访发现，其住所处有一张药品广告宣传海报。经工作人员调查询问，宋某某承认其帮助他人设计制作药品广告宣传海报样品。司法所固定相关证据材料，填写《社区矫正使用电子定位装置

审批表》后层级上报审批。现经××市××区司法局局长批准，决定对宋某某使用电子定位装置，期限为三个月。

社区矫正使用电子定位装置决定书

（2020）××矫装决字第1号

社区矫正对象宋某某，男，××××年××月××日出生，汉族，身份证号码××××××××××××××××××，在接受社区矫正期间，因在缓刑考验期内从事药品相关的广告设计制作活动，违反了人民法院禁止令，符合使用电子定位装置的法律情形，依据《中华人民共和国社区矫正法》第二十九条之规定，决定使用电子定位装置，期限为三个月。

××市××区司法局（公章）

××××年××月××日

制作说明：

（1）本文书根据《中华人民共和国社区矫正法》第二十九条的规定制作，用于对社区矫正对象使用电子定位装置。

（2）填写时，“在接受社区矫正期间，因”后“__________”应填写社区矫正对象违反监督管理规定的事实。

（3）文书字号由年度、社区矫正机构代字、类型代字、文书编号组成，使用阿拉伯数字，例“（2020）××矫装决字第1号”。该决定书一式两份，存档一份，送达社区矫正对象一份。

（三）对社区矫正对象使用电子定位装置告知书样本、范例及制作说明

1. 文书样本

对社区矫正对象使用电子定位装置告知书

社区矫正对象__________：

你在接受社区矫正期间，因____________，依据《中华人民共和国社区矫正法》第二十九条第一款第____项之规定，对你使用电子定位装置，加强监督管理。使用电子定位装置的期限自____年___月___日起至____年___月___日止。在使用电子定位装置期间，必须遵守以下规定：

一、不得私自拆卸毁坏电子定位装置；

二、如果电子定位装置无法正常使用，应立即向社区矫正机构（受委托的司法所）报告；

三、未经批准不得擅自离开规定的活动区域。

如果违反上述规定之一的，社区矫正机构将依法予以处置。

（公章）

年　月　日

以上内容我已知晓并保证严格遵守。

社区矫正对象（签名）：

年　月　日

2. 填写范例与制作说明

案例：宋某某，男，因犯生产、销售假药罪被人民法院判处有期徒刑一年，缓刑二年，并处罚金人民币五万元，同时宣告禁止在缓刑考验期内，从事药品生产、销售及相关活动。判决生效后，依

法实施社区矫正。社区矫正期间，司法所工作人员到宋某某住所进行实地查访发现，其住所处有一张药品广告宣传海报。经工作人员调查询问，宋某某承认其帮助他人设计制作药品广告宣传海报样品。后经××市××区司法局批准决定对宋某某使用电子定位装置，期限为三个月。现书面告知宋某某使用电子定位装置期限、要求以及违反规定的后果。

对社区矫正对象使用电子定位装置告知书

社区矫正对象宋某某：

你在接受社区矫正期间，因在缓刑考验期内从事药品相关的广告设计制作活动，违反了人民法院禁止令要求，依据《中华人民共和国社区矫正法》第二十九条第一款第(一）项之规定，对你使用电子定位装置，加强监督管理。使用电子定位装置的期限自2020年9月22日起至2020年12月21日止。在使用电子定位装置期间，必须遵守以下规定：

一、不得私自拆卸毁坏电子定位装置；

二、如果电子定位装置无法正常使用，应立即向社区矫正机构（受委托的司法所）报告；

三、未经批准不得擅自离开规定的活动区域。

如果违反上述规定之一的，社区矫正机构将依法予以处置。

××市××区社区矫正机构（公章）

××年××月××日

以上内容我已知晓并保证严格遵守。

社区矫正对象（签名）：宋某某

××年××月××日

制作说明：

（1）本文书根据《中华人民共和国社区矫正法》第二十九条以及“两高两部”《中华人民共和国社区矫正法实施办法》第三十七条的规定制作，用于告知社区矫正对象监管的期限、要求以及违反监管规定后果。

（2）文书一式两份，加盖公章，社区矫正对象签名后存档一份，送社区矫正对象一份。

（三）注意与提示

1. 社区矫正对象使用电子定位装置审批要准确把握适用条件，严格按照程序，在开展必要的调查核实并收集固定证据材料后，对违反监督管理规定应当适用电子定位装置的情形予以认定。

2. 使用电子定位装置的审批和决定主体是县级司法行政部门负责人，应盖县级司法行政部门用章。作出决定后由社区矫正机构履行告知义务，使用电子定位装置告知书可盖社区矫正机构用章。

3 对未成年社区矫正对象告知使用电子定位装置决定的，应当告知监护人到场并签字。

三、社区矫正使用电子定位装置文书应用环节的实体要求

（一）什么是电子定位装置

电子定位装置是指运用卫星等定位技术，能对社区矫正对象进行定位等监管，准确掌握活动范围，并具有防拆、防爆、防水等性能的专门的电子设备，如电子定位腕带等，但不包括手机等设备。

电子定位装置应当具有独立定位功能。应当符合国务院标准化行政主管部门或者国务院司法行政部门发布的技术标准或者规范。目前，已出台的标准为《社区矫正电子定位腕带技术规范》。

（二）批准使用电子定位装置的主体

批准使用电子定位装置的主体是县级司法行政部门负责人，既可以是县级司法行政部门分管社区矫正工作的负责人，也可以是县级司法行政部门主要负责人。

需要注意的是，是否批准使用电子定位装置是县级司法行政部门的权利，而非应当履行的义务，即使社区矫正对象符合可以使用电子定位装置的法定情形，也并非必须批准使用，要根据实际情况决定。

（三）可以使用电子定位装置的情形

社区矫正对象存在以下情形之一的，可以使用电子定位装置：

1. 违反人民法院禁止令的。
2. 无正当理由，未经批准离开所居住的市、县的。
3. 拒不按照规定报告自己的活动情况，被给予警告的。
4. 违反监督管理规定，被给予治安管理处罚的。
5. 拟提请撤销缓刑、假释或者暂予监外执行收监执行的。

实践中，对于患有严重疾病的、怀孕或者正在哺乳期的妇女、未成年或年满 70 周岁的以及生活不能自理的社区矫正对象，一般不予使用电子定位装置。

（四）对于使用电子定位装置情形需要注意的三点问题

一是必须符合法定情形。必须明确可以使用电子定位装置的法定情形中没有类似“其他”的兜底性条款，所以要严格符合法律规定的五种情形后方可使用，对于某些地方过去对社区矫正对象入矫时普遍使用电子定位装置的做法应当予以纠正。

二是准确把握期限要求。使用电子定位装置的期限不得超过三个月。对于不需要继续使用的，应当及时解除；对于期限届满后，经评估仍存在违反监督管理风险等必需继续使用的，经过批准，期限可以延长，每次不得超过三个月。在延长期限时，不仅要符合规定的情形，而且应当履行审批程序。

三是严格遵守保密规定。社区矫正机构对通过电子定位装置获得的信息应当严格保密，有关信息只能用于社区矫正工作，不得用于其他用途。

四、社区矫正使用电子定位装置文书应用环节的程序要求

（一）审查上报

1. 司法所发现社区矫正对象有违反法律法规或者监督管理规定，具备可以使用电子定位装置的情形。

2. 司法所应当对社区矫正对象具备可以使用电子定位装置的情形，通过实地查访、通信联络、谈话询问等方式进行调查，并留存相应的工作记录。

3. 司法所应当收集相应证据材料，填写《社区矫正使用电子定位装置审批表》并签署意见。

4. 司法所应当向执行地县级社区矫正机构上报《社区矫正使用电子定位装置审批表》并附相应证据材料。

（二）核实上报

1. 执行地县级社区矫正机构收到《社区矫正使用电子定位装置审批表》及相应证据材料后，应当进行核实。

2. 执行地县级社区矫正机构可以针对材料中不明确的地方，采取通信联络或实地调查等方式与司法所进行确认，必要时亦可开展调查核实，并做好工作记录。

3. 执行地县级社区矫正机构应当根据核实情况，形成意见并填写《社区矫正使用电子定位装置审批表》。

4. 执行地县级社区矫正机构应当向县级司法行政部门上报《社区矫正使用电子定位装置审批表》并附相应证据材料。

（三）审批决定

1. 县级司法行政部门收到上报的《社区矫正使用电子定位装置审批表》和相应证据材料后，应当进行核实。

2. 县级司法行政部门应当根据审查核实情况，作出是否使用电子定位装置的决定。

3. 决定使用电子定位装置的，县级司法行政部门应当制发《社区矫正使用电子定位装置决定书》并送达执行地县级社区矫正机构。

（四）告知加戴

1. 执行地县级社区矫正机构收到县级司法行政部门制发的《社区矫正使用电子定位装置决定书》后，应当制作《对社区矫正对象使用电子定位装置告知书》并立即通知社区矫正对象。

2. 执行地县级社区矫正机构可以组织宣告，有条件的可以召集矫正小组成员参与宣告，向社区矫正对象当面宣读送达《社区矫正使用电子定位装置决定书》，书面告知社区矫正对象使用电子定位装置期限、要求以及违反规定的后果，并要求社区矫正对象在《对社区矫正对象使用电子定位装置告知书》上签字确认。对未成年社区矫正对象告知使用电子定位装置决定的，不公开进行，但应当告知监护人到场并签字。

3. 执行地县级社区矫正机构负责为社区矫正对象加戴电子定位装置。为社区矫正对象加戴电子定位装置应当由至少两名工作人员实施，其他工作人员予以协助。社区矫正对象为女性的，由女性工作人员为其加戴。对未成年社区矫正对象加戴电子定位装置，应当通知其监护人到场。

（五）监督管理

1. 执行地县级社区矫正机构、司法所负责对使用电子定位装置情况进行监管，做好信息化核查工作，对发现设备异常或社区矫正对象违反规定等情况应当立即调查核实处置，做好记录。

2. 执行地县级社区矫正机构、司法所对使用电子定位装置工作中形成的文书材料、影音资料等应当立卷存档，妥善保管。

3. 司法所应当将使用电子定位装置情况纳入对社区矫正对象的日常考核结果并记入工作档案。

4. 司法所应当对使用电子定位装置的社区矫正对象，调整矫正方案，制定针对性矫正措施，加强监督管理。

（六）教育宣传

1. 对社区矫正对象使用电子定位装置后，应当立即开展谈话教育，重申社区矫正相关规定纪律以及违反规定的法律后果，要求社区矫正对象明确身份、遵纪守法、转变思想，认真接受社区矫正，早日回归社会。

2. 执行地县级社区矫正机构或司法所还可以结合使用电子定位装置情况，采取制作案例并通报的方式，在管辖区域内开展警示教育，引起全体社区矫正对象的重视，杜绝问题的再次发生，但应注重保护社区矫正对象身份信息和个人隐私。

五、社区矫正使用电子定位装置文书法律依据

《中华人民共和国社区矫正法》

第二十九条 社区矫正对象有下列情形之一的，经县级司法行

政部门负责人批准，可以使用电子定位装置，加强监督管理：

（一）违反人民法院禁止令的；

（二）无正当理由，未经批准离开所居住的市、县的；

（三）拒不按照规定报告自己的活动情况，被给予警告的；

（四）违反监督管理规定，被给予治安管理处罚的；

（五）拟提请撤销缓刑、假释或者暂予监外执行收监执行的。

前款规定的使用电子定位装置的期限不得超过三个月。对于不需要继续使用的，应当及时解除；对于期限届满后，经评估仍有必要继续使用的，经过批准，期限可以延长，每次不得超过三个月。

社区矫正机构对通过电子定位装置获得的信息应当严格保密，有关信息只能用于社区矫正工作，不得用于其他用途。

《中华人民共和国社区矫正法实施办法》

第三十七条 电子定位装置是指运用卫星等定位技术，能对社区矫正对象进行定位等监管，并具有防拆、防爆、防水等性能的专门的电子设备，如电子定位腕带等，但不包括手机等设备。

对社区矫正对象采取电子定位装置进行监督管理的，应当告知社区矫正对象监管的期限、要求以及违反监管规定的后果。

第十三章

协助查找社区矫正对象通知书

一、协助查找社区矫正对象通知书的概念及作用

协助查找社区矫正对象通知书是社区矫正对象失去联系后，经社区矫正机构组织查找但查找不到的，通知公安机关协助查找以及将组织查找的情况通报人民检察院所使用的文书。该通知书内容包括社区矫正对象的姓名、性别、出生日期、民族、身份证号码、户籍地、执行地等人员基本信息，社区矫正对象的判决情况、社区矫正的种类、社区矫正期限等判决执行情况信息，同时载明该社区矫正对象于何年何月何日失去联系，经查找无果，依据《中华人民共和国社区矫正法》第三十条规定，请被通知单位予以配合协助查找的通知内容。

社区矫正对象应当遵守两项基本法律义务：一是依法报到，如实报告活动情况；二是未经批准不得离开居住地。如果社区矫正对象未经批准擅自离开居住地或请假外出后逾期不归，极有可能造成社区矫正对象失去联系的后果，进而可能造成脱管漏管，甚至重新犯罪，危害社会。因此法律规定社区矫正机构对失去联系的社区矫正对象应当立即组织查找的法定职责，但由于社区矫正机构人力物

力财力有限，同时赋予公安机关等有关单位和人员以协助义务，配合社区矫正机构做好查找工作。协助查找社区矫正对象通知书就是社区矫正机构与公安机关等有关单位关于查找失联社区矫正对象衔接配合程序的法定文书，公安机关根据该通知书应当启动查找工作。

二、协助查找社区矫正对象通知书的文书制作

（一）文书样本

协助查找社区矫正对象通知书

（存根）

（　　）　　字第　　号

社区矫正对象________，男（女），____年___月___日出生，___族，身份证号码____________，户籍地________，执行地____。因犯______罪于____年___月___日被______人民法院以______号判决书判处________________。依据________人民法院（公安局、监狱管理机关）________号判决书（裁定书、决定书），在管制（缓刑、假释、暂予监外执行）期间，依法实行社区矫正。社区矫正期限自____年___月___日起至____年___月___日。____年___月___日，社区矫正对象______失去联系，经查找无果，依据《中华人民共和国社区矫正法》第三十条规定，请予以配合协助查找。

发往机关（人员）______公安局、_______________（其他有关单位和人员）。

填发人

批准人

填发日期　　年　　月　　日

协助查找社区矫正对象通知书

（　　）　　字第　　号

__________：

社区矫正对象________，男（女），____年___月___日出生，___族，身份证号码____________，户籍地________，执行地______。因犯____罪于____年___月___日被______人民法院以______号判决书判处________________。依据________人民法院（公安局、监狱管理机关）________号判决书（裁定书、决定书），在管制（缓刑、假释、暂予监外执行）期间，被依法实行社区矫正。社区矫正期限自____年___月___日起至____年___月___日。____年___月___日，社区矫正对象______失去联系，经查找无果，依据《中华人民共和国社区矫正法》第三十条规定，请予以配合协助。

特此通知。

联系人：　　　　　　　　联系电话：

（公章）

年　月　日

（二）填写范例与制作说明

案例： 何某某，男，因犯非法出售发票罪被人民法院判处有期徒刑一年，缓刑一年。判决生效后，依法实施社区矫正，社区矫正期限自2020年6月16日起至2021年6月15日止。2020年9月7日，司法所工作人员在查看社区矫正电子监管时发现，何某某电子监管于9月6日出现越界报警后就再无活动轨迹。司法所工作人员多次同何某某电话联系无果，到其居住地实地查访家中无人，同其监督帮教人即何某某母亲联系亦不知何某某去向。司法所立即将情况报告社区矫正机构，社区矫正机构指派两名工作人员继续同何某某电话联系并再次实地查访等仍未找到。现拟制发《协助查找社区矫正对象通知书》，通知公安机关予以协助查找。

协助查找社区矫正对象通知书

（存根）

（2020）××矫协查字第1号

社区矫正对象何某某，男，××××年××月××日出生，汉族，身份证号码××××××××××××××××××，户籍地××省××市××区××路××小区××号楼×单元×××号，执行地××省××市××区。因犯非法出售发票罪于2020年6月4日被××××人民法院以××××号判决书判处有期徒刑一年、缓刑一年。依据××××人民法院××××号判决书，在缓刑期间，依法实行社区矫正。社区矫正期限自2020年6月16日起至2021年6月15日。2020年9月6日，社区矫正对象何某某失去联系，经查找无果，依据《中华人民共和国社区矫正法》第三十条规定，请予以配合协助查找。

发往机关××××公安分局

填发人×××

批准人×××

填发日期2020年9月8日

协助查找社区矫正对象通知书

（2020）××矫协查字第1号

××区公安分局：

社区矫正对象何某某，男，××××年××月××日出生，汉族，身份证号码××××××××××××××××××，户籍地××省××市××区××路××小区××号楼×单元×××号，执行地××省××市××区。因犯非法出售发票罪于2020年6月4日被××××人民法院以××××号判决书判处有期徒刑一年、缓刑一年。依据××××人民法院××××号判决书，在缓刑期间，依法实行社区矫正。社区矫正期限自2020年6月16日起至2021年6月15日。2020年9月6日，社区矫正对象何某某失去联系，经查找无果，依据《中华人民共和国社区矫正法》第三十条规定，请予以配合协助。

特此通知。

联系人：×××　　联系电话：×××××××××××

××区社区矫正机构（公章）

2020年9月8日

制作说明：

1. 本文书根据《中华人民共和国社区矫正法》第三十条以及“两高两部”《中华人民共和国社区矫正法实施办法》第三十八条的规定制作。用于社区矫正机构发现社区矫正对象失去联系后，经社区矫正机构查找不到时使用。

2. 文书字号由年度、社区矫正机构代字、类型代字、文书编号组成，使用阿拉伯数字，例“（2020）××矫协查字第1号”，存根存档，通知送公安机关等有关单位和个人，并复印送人民检察院。

（三）注意与提示

1. 社区矫正机构、司法所发现社区矫正对象失去联系的，应当先行组织查找，查找不到的及时通知公安机关予以协助查找。

2. 社区矫正机构应当及时将组织查找的情况通报人民检察院。

三、协助查找社区矫正对象通知书应用环节的实体要求

（一）协助查找的主要情形

1. 接收报到时的查找。社区矫正机构在收到社区矫正决定机关送达的法律文书后，应当依法接收社区矫正对象。发现社区矫正对象未按规定时间报到的、失去联系的，应当立即组织查找。查找不到的，应当及时通知公安机关，公安机关应当协助查找。

2. 日常监管中的查找。社区矫正机构、受委托的司法所在日常监督管理中，发现社区矫正对象在社区矫正机构报到后未在规定时限内到司法所接受矫正、未按规定报到个人活动情况、未经批准擅自离开所居住的市县、请假外出未按规定时限返回等失去联系的，应当立即组织查找。查找不到的，应当及时通知公安机关，公安机关应当协助查找。

执行地县级社区矫正机构应及时将社区矫正对象脱离监管的法律后果告知社区矫正对象近亲属、监护人或者保证人，并将有关情况通知社区矫正对象居住地村（居）民委员会。

（二）决定机关的通知义务

社区矫正对象被依法决定行政拘留、司法拘留、强制隔离戒毒等，或者因涉嫌重新犯罪、发现判决宣告前还有其他罪没有判决被采取强制措施的，决定机关应当自作出决定之日起三日内将有关情

况书面通知执行地县级社区矫正机构和执行地县级人民检察院，并附相应法律文书材料。

四、协助查找社区矫正对象通知书应用环节的程序要求

（一）建立机制

社区矫正机构和司法所应当建立突发事件处置机制，制定应急处置预案，发现社区矫正对象有紧急情况的，应当立即与公安机关等有关部门协调联动、妥善处置，并将有关情况及时逐级上报。社区矫正机构还应同时将有关情况通报同级人民检察院。

（二）发现查找

1. 发现社区矫正对象失去联系的，司法所应当立即进行查找，可以采取通信联络、信息化核查、实地查访等方式查找，查找时应当做好记录（例如，电话记录、核查记录、走访记录、谈话笔录、调查笔录等形式），固定证据（例如，文字记录、调取材料、拍照视频等方式）。

2. 司法所应当将社区矫正对象失去联系以及查找的有关情况及时上报社区矫正机构。

3. 社区矫正机构接报后，应当立即组织查找，并做好工作记录，固定证据。

4. 对于社区矫正机构发现社区矫正对象失去联系的，应当及时通知司法所，共同组织查找。

（三）协助查找

1. 司法所在进行查找的同时，可以及时将有关情况通报公安派出所协助追查。

2. 社区矫正机构查找不到的，应当及时通知公安机关，公安机关应当协助查找。

3. 公安机关应当采取必要措施进行查找，并将查找到的社区矫正对象相关下落信息及时通知社区矫正机构。

4. 社区矫正机构应当及时将组织查找的情况通报人民检察院。

（四）事后处置

1. 查找到社区矫正对象后，社区矫正机构、司法所应当根据其脱离监管的情形，给予相应处置。

2. 虽能查找到社区矫正对象下落但其拒绝接受监督管理的，社区矫正机构应当视情节依法提请公安机关予以治安管理处罚，或者依法提请撤销缓刑、撤销假释、对暂予监外执行的收监执行。

（五）需要说明的问题

1. 社区矫正机构给予相应处置的时间点：查找到社区矫正对象后。未找到社区矫正对象的，应先积极查找，找到后作出相应处置。

2. 查找到社区矫正对象后，作出相应处置前，建议听取社区矫正对象的陈述等意见，保障社区矫正对象的合法权益，根据具体实际情况做出相应处置。

五、法律依据

《中华人民共和国社区矫正法》

第三十条　社区矫正对象失去联系的，社区矫正机构应当立即组织查找，公安机关等有关单位和人员应当予以配合协助。查找到社区矫正对象后，应当区别情形依法作出处理。

《中华人民共和国社区矫正法实施办法》

第三十八条　发现社区矫正对象失去联系的，社区矫正机构应当立即组织查找，可以采取通信联络、信息化核查、实地查访等方式查找，查找时要做好记录，固定证据。查找不到的，社区矫正机构应当及时通知公安机关，公安机关应当协助查找。社区矫正机构应当及时将组织查找的情况通报人民检察院。

查找到社区矫正对象后，社区矫正机构应当根据其脱离监管的情形，给予相应处置。虽能查找到社区矫正对象下落但其拒绝接受监督管理的，社区矫正机构应当视情节依法提请公安机关予以治安管理处罚，或者依法提请撤销缓刑、撤销假释、对暂予监外执行的收监执行。

第十四章

提请治安管理处罚审核表及治安管理处罚建议书

一、治安管理处罚文书的概念及作用

提请治安管理处罚文书包括提请治安管理处罚审核表和治安管理处罚建议书。

提请治安管理处罚审核表是社区矫正机构或受委托的司法所认为社区矫正对象符合提请治安管理处罚的法定情形，拟向公安机关提请时，进行内部逐级审批或审核的表格。表格内容包括社区矫正对象的基本信息、提请的事由及依据、呈报单位意见、县级社区矫正机构意见等。

治安管理处罚建议书是社区矫正机构在监管过程中发现社区矫正对象违反法律法规或者监督管理规定，认为社区矫正对象的违法违规情节符合治安管理处罚的法定情形时，向公安机关提请治安管理处罚建议时所使用的法律文书。该文书内容主要包括社区矫正对象的基本信息，社区矫正对象有违反法律（行政法规、社区矫正监督管理规定、人民法院禁止令）行为的具体事实，依据法律具体条文的规定建议对该社区矫正对象给予治安管理处罚，以及提出建议的对象机关、落款以及抄送单位。

提请治安管理处罚审核表代表机构内部的审核制度，是强化内部监督制约、规范法定提请程序的重要保障，有利于加强社区矫正执行过程中的重要程序的流程监控和层层把关，防止司法所等机构未经审核而出现随意提请的情况。治安管理处罚建议书代表部门间的衔接制度，是经社区矫正机构审核后，依法向公安机关提请治安管理处罚建议的法定程序。提请治安管理处罚审核表是治安管理处罚建议书的前置文书，只有经过相关层级的社区矫正机构审核，建议书才能依法依规制发。

二、治安管理处罚相关文书的制作

（一）提请治安管理处罚审核表样本、范例与制作说明

1. 文书样本

提请治安管理处罚审核表

<table>
<tr><td>姓名</td><td></td><td>性别</td><td></td><td>身份证
号码</td><td colspan="2"></td></tr>
<tr><td>户籍地</td><td colspan="3"></td><td>执行地</td><td colspan="2"></td></tr>
<tr><td>罪名</td><td></td><td colspan="2">原判刑罚</td><td></td><td>附加刑</td><td></td></tr>
<tr><td>禁止令
内容</td><td colspan="3"></td><td>禁止期限
起止日</td><td colspan="2">自　年　月　日
至　年　月　日</td></tr>
<tr><td>矫正
类别</td><td></td><td>矫正
期限</td><td></td><td>起止日</td><td colspan="2">自　年　月　日
至　年　月　日</td></tr>
<tr><td>事由及依据</td><td colspan="6"></td></tr>
</table>

续表

呈报单位意见	（公章） 年　月　日
县级社区矫正机构意见	（公章） 年　月　日
地市社区矫正机构审核意见	（公章） 年　月　日
省级社区矫正机构审核意见	（公章） 年　月　日
备注	

注：此表随建议书一并报送公安机关。

2. 填写范例与制作说明

案例：刘某某，男，因犯非法吸收公众存款罪被人民法院判处有期徒刑一年，缓刑二年，并处罚金人民币二万元。判决生效后，依法实施社区矫正。入矫宣告后，社区矫正机构及司法所明确告知其应遵守的监督管理规定及违反规定的法律后果，并要求其每周向司法所电话报告、每月到司法所当面报告。社区矫正期间，刘某某经常无故不按监管要求落实每周电话报告及每月当面报告的规定。在司法所对其反复强调要求遵守报告规定，并以其违反报告规定给予社区矫正警告后，刘某某又多次未按规定进行电话报告，且在监管平台中长时间无活动轨迹。经教育谈话，刘某某表示不想受太多管理约束，无悔改表现。现拟对刘某某违反监督管理规定的行为，提请予以治安管理处罚。

提请治安管理处罚审核表

<table>
<tr><td>姓名</td><td>刘某某</td><td>性别</td><td>男</td><td>身份证号码</td><td colspan="2">××××××××××
××××××××××</td></tr>
<tr><td>户籍地</td><td colspan="3">××省××市××区××街××小区××号楼×单元×××号</td><td>执行地</td><td colspan="2">××省××市××区</td></tr>
<tr><td>罪名</td><td>非法吸收公众存款罪</td><td colspan="2">原判刑罚</td><td>有期徒刑一年</td><td>附加刑</td><td>罚金人民币二万元</td></tr>
<tr><td>禁止令内容</td><td colspan="3">无</td><td>禁止期限起止日</td><td colspan="2">自　年　月　日
至　年　月　日</td></tr>
<tr><td>矫正类别</td><td>缓刑</td><td>矫正期限</td><td>二年</td><td>起止日</td><td colspan="2">自2020年2月6日
至2022年2月5日</td></tr>
<tr><td>事由及依据</td><td colspan="6">社区矫正对象刘某某，自接受社区矫正以来，经常无故不按司法所的要求，落实每周电话报告、每月到司法所当面报告的规定。尤其在司法所反复强调要求刘某某遵守报告规定，并以其未按照要求进行报告给予警告处罚一次后，刘某某又多次未按要求进行电话报告，且长时间无活动轨迹，并表示不愿受到太多管理约束，无悔改表现。其行为违反了社区矫正监督管理规定，符合提请治安管理处罚的情形，根据《中华人民共和国社区矫正法》第二十八条，《中华人民共和国社区矫正法实施办法》第三十六条规定，拟对刘某某提请治安管理处罚。</td></tr>
<tr><td>呈报单位意见</td><td colspan="6">拟同意，报××市××区社区矫正机构审批
××司法所（公章）
××年××月××日</td></tr>
</table>

续表

县级社区矫正机构意见	同意提请 ××市××区社区矫正机构（公章） ××年××月××日
备注	

注：此表随建议书一并报送公安机关。

制作说明：

（1）本文书根据《中华人民共和国社区矫正法》第二十八条以及“两高两部”《中华人民共和国社区矫正法实施办法》第三十六条的规定制作。

（2）本文书根据提请治安管理处罚情况填写相应内容，相关审批意见栏如不使用，可以在打印时删除。对提请治安管理处罚只填到“县级社区矫正机构意见”栏。

（二）治安管理处罚建议书样本、范例与制作说明

1. 文书样本

治安管理处罚建议书

（　　）　　字第　　号

社区矫正对象________，男（女），____年___月___日出生，___族，身份证号码____________，户籍地________，执行地______。因犯________罪经________________人民法院于____年___月___日判处________。____年___月___日经______人民法院（监狱管理局、公安局）决定、批准暂予监外执行。在

管制（缓刑、暂予监外执行）期间，依法实行社区矫正。社区矫正期限自____年___月___日起至____年___月___日止。

该社区矫正对象有违反法律（行政法规、社区矫正监督管理规定、人民法院禁止令）的行为，具体事实如下：________
____。

依据______________________之规定，建议对该社区矫正对象给予治安管理处罚。

此致

__________公安局

（公章）

年　月　日

注：抄送________人民检察院。

2. 填写范例与制作说明

案例：刘某某，男，因犯非法吸收公众存款罪被人民法院判处有期徒刑一年，缓刑二年，并处罚金人民币二万元。判决生效后，依法实施社区矫正。入矫宣告后，社区矫正机构及司法所明确告知其应遵守的监督管理规定及违反规定的法律后果，并要求其每周向司法所电话报告、每月到司法所当面报告。社区矫正期间，刘某某经常无故不按监管要求落实每周电话报告及每月当面报告的规定。在司法所对其反复强调要求遵守报告规定，并以其违反报告规定给予社区矫正警告后，刘某某又多次未按规定进行电话报告，且在监管平台中长时间无活动轨迹。经教育谈话，刘某某表示不想受太多管理约束，无悔改表现。现经社区矫正机构审批，拟对刘某某违反监督管理规定的行为向公安机关提请予以治安管理处罚。

治安管理处罚建议书

（2020）××矫治处建字第1号

社区矫正对象刘某某，男，××××年××月××日出生，汉族，身份证号码××××××××××××××××××，户籍地×××省××市××区××街××小区××号楼×单元×××号，执行地××省××市××区。因犯非法吸收公众存款罪经××××人民法院于××××年××月××日判处有期徒刑一年、缓刑二年，并处罚金人民币二万元。在缓刑期间，依法实行社区矫正。社区矫正期限自2020年2月6日起至2022年2月5日止。

该社区矫正对象有违反社区矫正监督管理规定的行为，具体事实如下：刘某某在社区矫正期间，经常无故不按监管要求落实每周电话报告及每月当面报告的规定。在司法所对其反复强调要求遵守报告规定，并以其违反报告规定给予社区矫正警告后，刘某某又多次未按规定进行电话报告，且在监管平台中长时间无活动轨迹。经教育谈话，刘某某仍无悔改表现。其行为违反了社区矫正监督管理规定，符合提请公安机关予以治安管理处罚的情形。

依据《中华人民共和国社区矫正法》第二十八条、《中华人民共和国社区矫正法实施办法》第三十六条之规定，建议对该社区矫正对象给予治安管理处罚。

此致

××市××区公安分局

××市××区社区矫正机构（公章）

××××年××月××日

注：抄送××××人民检察院。

制作说明：

（1）本文书根据《中华人民共和国社区矫正法》第二十八条、《中华人民共和国治安管理处罚法》第六十条、“两高两部”《中华人民共和国社区矫正法实施办法》第三十六条的规定制作，用于提出治安管理处罚的建议时使用。

（2）文书字号由年度、社区矫正机构代字、类型代字、文书编号组成，使用阿拉伯数字，例“（2020）××矫治处建字第1号”。“依据 ________之规定”需要列明应适用的法律规定。

（3）治安管理处罚建议书一式三份，一份连同审批表等其他证明材料组卷，并另附一份向同级公安机关提出，同时抄送同级人民检察院。

（三）注意与提示

1. 对社区矫正对象提请治安管理处罚的，应当符合违反社区矫正监督管理规定或人民法院禁止令，但尚未达到撤销缓刑、收监执行的情况下，依法予以提请。

2. 社区矫正机构应当向执行地同级人民检察院抄送治安管理处罚建议书副本，并及时通知处理结果。

3. 对社区矫正对象进行治安管理处罚的，应当在社区矫正机构、受委托司法所进行公示，并记入档案。对未成年社区矫正对象的治安管理处罚不公开进行。

三、治安管理处罚文书应用环节的实体要求

（一）治安管理处罚的基本概念和特点

治安管理处罚属于行政处罚，是指公安机关对违反治安管理尚不够刑事处罚的行为人依法剥夺其人身自由、财产或其他权利的行

政处罚。

治安管理处罚有如下特点：（1）治安管理处罚的适用对象是违反治安管理尚不够刑事处罚的人，包括公民和单位。（2）治安管理处罚的适用主体（处罚实施者）是公安机关。《中华人民共和国治安管理处罚法》第七条第一款规定："国务院公安部门负责全国的治安管理工作。县级以上地方各级人民政府公安机关负责本行政区域内的治安管理工作。"其他国家机关、社会团体、企事业单位，以及公民个人，都不能适用治安管理处罚。（3）治安管理处罚适用的法律依据是《中华人民共和国治安管理处罚法》和其他相关的单行治安行政法规，其他法律、法规规定适用治安管理处罚的，也可以适用。

被处罚社区矫正对象对治安管理处罚决定不服的，可以依法申请行政复议或者提起行政诉讼。

（二）社区矫正机构提请治安管理处罚的意义

治安管理处罚能够有效威慑社区矫正对象，依法打击其行政违法行为，在社区矫正的处罚体系中重于训诫和警告，轻于撤销缓刑、撤销假释、收监执行，处于中间位置。

社区矫正对象受到治安管理处罚一般有两种情形：一是违反一般公民都应遵守的义务，如出现打架斗殴、违规驾驶、寻衅滋事等行为，公安机关依据《中华人民共和国治安管理处罚法》给予行政处罚；二是违反了国家关于社区矫正的监督管理规定而受到治安管理处罚。根据《中华人民共和国治安管理处罚法》的规定，治安管理处罚由县级以上人民政府公安机关决定，其中警告、五百元以下的罚款可以由公安派出所决定。因此，在具体执行上，由执行地县级社区矫正机构向同级公安机关提出建议，由公安机关作出决定。治安管理处罚的种类分为警告、罚款、行政拘留、吊销公安机关发放的许可证，对违反治安管理的外国人，可以附加适用限期出境或者驱逐出境。

需要注意的是，对《中华人民共和国治安管理处罚法》第六十条“有下列行为之一的，处五日以上十日以下拘留，并处二百元以上五百元以下罚款：……（四）被依法执行管制、剥夺政治权利或者在缓刑、暂予监外执行中的罪犯或者被依法采取刑事强制措施的人，有违反法律、行政法规或者国务院有关部门的监督管理规定的行为”规定的理解，有两点需要说明：一是此处规定是其他监督管理规定在《中华人民共和国治安管理处罚法》中的补充规定，如《关于对判处管制、宣告缓刑的犯罪分子适用禁止令有关问题的规定（试行）》第十一条规定“判处管制的犯罪分子违反禁止令，或者被宣告缓刑的犯罪分子违反禁止令尚不属情节严重的，由负责执行禁止令的社区矫正机构所在地的公安机关依照《中华人民共和国治安管理处罚法》第六十条的规定处罚”，并非指违反其他监督管理规定予以相应处罚后，再依据《中华人民共和国治安管理处罚法》第六十条规定予以治安处罚，否则违反了“一事不再罚”原则。二是第六十条规定的主体里不包含假释的社区矫正对象，但这并不排除一个假释罪犯因违反《中华人民共和国治安管理处罚法》的其他规定而被予以治安处罚。例如，一个假释罪犯违反《中华人民共和国治安管理处罚法》第四十五条规定“有下列行为之一的，处五日以下拘留或者警告：（一）虐待家庭成员，被虐待人要求处理的”，公安机关给予警告的治安处罚后，社区矫正机构可以根据《中华人民共和国社区矫正法实施办法》第四十七条第（三）项的规定对该罪犯提请撤销假释。

（三）提请治安管理处罚的主体

提请治安管理处罚的主体是执行地县级社区矫正机构。作出是否给予治安管理处罚决定的主体是公安机关。公安机关对司法机关移送的违反治安管理案件，应当及时受理，并进行登记。

（四）应当依法提请治安管理处罚的情形

1. 社区矫正对象有违反法律、行政法规或者国务院有关部门监督管理规定行为的。

2. 经社区矫正机构评定，对于涉嫌违反治安管理行为的社区矫正对象，依法应予治安管理处罚的。

3. 社区矫正对象违反社区矫正监督管理规定或者人民法院禁止令，依法应予治安管理处罚的。

4. 发现社区矫正对象失去联系，社区矫正机构虽能查找到社区矫正对象下落但其拒绝接受监督管理，视情节应予治安管理处罚的。

四、治安管理处罚文书应用环节的程序要求

（一）审核上报

1. 司法所发现社区矫正对象有应当依法提请治安管理处罚的情形。

2. 司法所应当通过实地查访、通信联络、谈话询问等方式进行调查核实，并留存相应的工作记录。

3. 司法所应当收集相应证据材料，填写《提请治安管理处罚审核表》并签署意见。

4. 司法所应当向执行地县级社区矫正机构上报《提请治安管理处罚审核表》并附相应证据材料。

（二）审批提请

1. 执行地县级社区矫正机构收到《提请治安管理处罚审核表》

及相应证据材料后，应当进行审查核实。

2. 执行地县级社区矫正机构可以针对材料中不明确的地方，采取通信联络或实地调查等方式与司法所进行确认，必要时亦可以自行开展调查，并做好工作记录。

3. 执行地县级社区矫正机构应当根据审查核实情况，作出是否提请治安管理处罚的决定。决定前，可组成考核奖惩小组进行评定，成立小组的人员一般不少于 3 人且为单数，小组中应包括社区矫正机构负责人。

4. 决定提请治安管理处罚的，执行地县级社区矫正机构应当制作《治安管理处罚建议书》，并附相关证据材料，提请同级公安机关依法予以治安管理处罚。同时，向执行地同级人民检察院抄送治安管理处罚建议书副本。

（三）受理决定

1. 公安机关对司法机关移送的违反治安管理案件，应当及时受理，并进行登记。

2. 公安机关作出治安管理处罚决定前，应当告知违反治安管理行为人作出治安管理处罚的事实、理由及依据，并告知违反治安管理行为人依法享有的权利。

违反治安管理行为人有权陈述和申辩。公安机关必须充分听取违反治安管理行为人的意见，对违反治安管理行为人提出的事实、理由和证据，应当进行复核；违反治安管理行为人提出的事实、理由或者证据成立的，公安机关应当采纳。

公安机关不得因违反治安管理行为人的陈述、申辩而加重处罚。

3. 治安案件调查结束后，公安机关应当根据不同情况，分别作出以下处理：

①确有依法应当给予治安管理处罚的违法行为的，根据情节轻

重及具体情况，作出处罚决定；

②依法不予处罚的，或者违法事实不能成立的，作出不予处罚决定；

③违法行为已涉嫌犯罪的，移送主管机关依法追究刑事责任；

④发现违反治安管理行为人有其他违法行为的，在对违反治安管理行为作出处罚决定的同时，通知有关行政主管部门处理。

4. 公安机关作出治安管理处罚决定的，应当制作治安管理处罚决定书。决定书应当载明下列内容：

①被处罚人的姓名、性别、年龄、身份证件的名称和号码、住址；

②违法事实和证据；

③处罚的种类和依据；

④处罚的执行方式和期限；

⑤对处罚决定不服，申请行政复议、提起行政诉讼的途径和期限；

⑥作出处罚决定的公安机关的名称和作出决定的日期。

决定书应当由作出处罚决定的公安机关加盖印章。

5. 公安机关应当向被处罚人宣告治安管理处罚决定书，并当场交付被处罚人；无法当场向被处罚人宣告的，应当在2日内送达被处罚人。决定给予行政拘留处罚的，应当及时通知被处罚人的家属。

有被侵害人的，公安机关应当将决定书副本抄送被侵害人。

6. 公安机关应当及时将处理结果通知执行地县级社区矫正机构。公安机关依法作出处罚的，还应当将执行情况书面通知执行地县级社区矫正机构。社区矫正机构应当及时向同级人民检察院通知处理结果。

7. 被处罚人对治安管理处罚决定不服的，可以依法申请行政复议或者提起行政诉讼。

（四）归档教育

1. 司法所应当将治安管理处罚情况纳入对社区矫正对象的日常考核结果并记入工作档案。

2. 司法所应当对给予治安管理处罚的社区矫正对象，调整矫正方案，制定针对性矫正措施，加强监督管理。

3. 社区矫正机构、受委托的司法所应当公示治安管理处罚情况。对未成年社区矫正对象的治安管理处罚不公开进行。

4. 司法所应当对给予治安管理处罚的社区矫正对象开展针对性谈话教育，重申社区矫正相关规定纪律，要求社区矫正对象明确身份、遵纪守法、转变思想，认真接受社区矫正，早日回归社会。

5. 执行地县级社区矫正机构或司法所还可以结合治安管理处罚情况，采取制作案例并通报的方式，在管辖区域内开展警示教育，引起全体社区矫正对象的重视，杜绝问题的再次发生，但应注重保护社区矫正对象的身份信息和个人隐私。

五、治安管理处罚文书法律依据

《中华人民共和国社区矫正法》

第二十八条 社区矫正机构根据社区矫正对象的表现，依照有关规定对其实施考核奖惩。社区矫正对象认罪悔罪、遵守法律法规、服从监督管理、接受教育表现突出的，应当给予表扬。社区矫正对象违反法律法规或者监督管理规定的，应当视情节依法给予训诫、警告、提请公安机关予以治安管理处罚，或者依法提请撤销缓刑、撤销假释、对暂予监外执行的收监执行。

对社区矫正对象的考核结果，可以作为认定其是否确有悔改表现或者是否严重违反监督管理规定的依据。

《中华人民共和国行政处罚法》

第四十六条 证据包括：

（一）书证；

（二）物证；

（三）视听资料；

（四）电子数据；

（五）证人证言；

（六）当事人的陈述；

（七）鉴定意见；

（八）勘验笔录、现场笔录。

证据必须经查证属实，方可作为认定案件事实的根据。

以非法手段取得的证据，不得作为认定案件事实的根据。

第四十七条 行政机关应当依法以文字、音像等形式，对行政处罚的启动、调查取证、审核、决定、送达、执行等进行全过程记录，归档保存。

《中华人民共和国治安管理处罚法》

第六十条 有下列行为之一的，处五日以上十日以下拘留，并处二百元以上五百元以下罚款：

（一）隐藏、转移、变卖或者损毁行政执法机关依法扣押、查封、冻结的财物的；

（二）伪造、隐匿、毁灭证据或者提供虚假证言、谎报案情，影响行政执法机关依法办案的；

（三）明知是赃物而窝藏、转移或者代为销售的；

（四）被依法执行管制、剥夺政治权利或者在缓刑、暂予监外执行中的罪犯或者被依法采取刑事强制措施的人，有违反法律、行政法规或者国务院有关部门的监督管理规定的行为。

第七十七条 公安机关对报案、控告、举报或者违反治安管理行为人主动投案，以及其他行政主管部门、司法机关移送的违反治安管理案件，应当及时受理，并进行登记。

第九十四条 公安机关作出治安管理处罚决定前，应当告知违反治安管理行为人作出治安管理处罚的事实、理由及依据，并告知违反治安管理行为人依法享有的权利。

违反治安管理行为人有权陈述和申辩。公安机关必须充分听取违反治安管理行为人的意见，对违反治安管理行为人提出的事实、理由和证据，应当进行复核；违反治安管理行为人提出的事实、理由或者证据成立的，公安机关应当采纳。

公安机关不得因违反治安管理行为人的陈述、申辩而加重处罚。

第九十五条 治安案件调查结束后，公安机关应当根据不同情况，分别作出以下处理：

（一）确有依法应当给予治安管理处罚的违法行为的，根据情节轻重及具体情况，作出处罚决定；

（二）依法不予处罚的，或者违法事实不能成立的，作出不予处罚决定；

（三）违法行为已涉嫌犯罪的，移送主管机关依法追究刑事责任；

（四）发现违反治安管理行为人有其他违法行为的，在对违反治安管理行为作出处罚决定的同时，通知有关行政主管部门处理。

第九十六条 公安机关作出治安管理处罚决定的，应当制作治安管理处罚决定书。决定书应当载明下列内容：

（一）被处罚人的姓名、性别、年龄、身份证件的名称和号码、住址；

（二）违法事实和证据；

（三）处罚的种类和依据；

（四）处罚的执行方式和期限；

（五）对处罚决定不服，申请行政复议、提起行政诉讼的途径和期限；

（六）作出处罚决定的公安机关的名称和作出决定的日期。

决定书应当由作出处罚决定的公安机关加盖印章。

第九十七条 公安机关应当向被处罚人宣告治安管理处罚决定书，并当场交付被处罚人；无法当场向被处罚人宣告的，应当在二日内送达被处罚人。决定给予行政拘留处罚的，应当及时通知被处罚人的家属。

有被侵害人的，公安机关应当将决定书副本抄送被侵害人。

第一百零二条 被处罚人对治安管理处罚决定不服的，可以依法申请行政复议或者提起行政诉讼。

《中华人民共和国社区矫正法实施办法》

第三十二条 社区矫正机构应当根据有关法律法规、部门规章和其他规范性文件，建立内容全面、程序合理、易于操作的社区矫正对象考核奖惩制度。

社区矫正机构、受委托的司法所应当根据社区矫正对象认罪悔罪、遵守有关规定、服从监督管理、接受教育等情况，定期对其考核。对于符合表扬条件、具备训诫、警告情形的社区矫正对象，经执行地县级社区矫正机构决定，可以给予其相应奖励或者处罚，作出书面决定。对于涉嫌违反治安管理行为的社区矫正对象，执行地县级社区矫正机构可以向同级公安机关提出建议。社区矫正机构奖励或者处罚的书面决定应当抄送人民检察院。

社区矫正对象的考核结果与奖惩应当书面通知其本人，定期公示，记入档案，做到准确及时、公开公平。社区矫正对象对考核奖惩提出异议的，执行地县级社区矫正机构应当及时处理，并将处理结果告知社区矫正对象。社区矫正对象对处理结果仍有异议的，可以向人民检察院提出。

第三十六条 社区矫正对象违反监督管理规定或者人民法院禁止令，依法应予治安管理处罚的，执行地县级社区矫正机构应当及时提请同级公安机关依法给予处罚，并向执行地同级人民检察院抄送治安管理处罚建议书副本，及时通知处理结果。

第三十八条 发现社区矫正对象失去联系的，社区矫正机构应当立即组织查找，可以采取通信联络、信息化核查、实地查访等方式查找，查找时要做好记录，固定证据。查找不到的，社区矫正机构应当及时通知公安机关，公安机关应当协助查找。社区矫正机构应当及时将组织查找的情况通报人民检察院。

查找到社区矫正对象后，社区矫正机构应当根据其脱离监管的情形，给予相应处置。虽能查找到社区矫正对象下落但其拒绝接受监督管理的，社区矫正机构应当视情节依法提请公安机关予以治安管理处罚，或者依法提请撤销缓刑、撤销假释、对暂予监外执行的收监执行。

第十五章

提请撤销缓刑（撤销假释）审核表及撤销缓刑（撤销假释）建议书

一、撤销缓刑（撤销假释）文书的概念及作用

提请撤销缓刑（撤销假释）文书包括提请撤销缓刑（撤销假释）审核表和提请撤销缓刑（撤销假释）建议书。

提请撤销缓刑（撤销假释）审核表是社区矫正机构或受委托的司法所认为社区矫正对象符合提请撤销缓刑（撤销假释）的法定情形，拟向人民法院提请时，进行内部逐级审批或审核的表格。表格内容包括社区矫正对象的基本信息、提请的事由及依据、呈报单位意见、县级社区矫正机构意见、地市社区矫正机构审核意见、省级社区矫正机构审核意见等。

撤销缓刑（撤销假释）建议书是社区矫正机构在监管过程中发现社区矫正对象违反法律法规或者监督管理规定，认为社区矫正对象的违法违规情节符合撤销缓刑（撤销假释）的法定情形时，向人民法院提出撤销缓刑（撤销假释）建议时所使用的法律文书。该文书内容主要包括社区矫正对象的基本信息，社区矫正对象有违反法律（行政法规、社区矫正监督管理规定、人民法院禁止令）行为的

具体事实，依据法律具体条文的规定建议对该社区矫正对象给予撤销缓刑（撤销假释），以及提出建议的对象机关、抄送单位等。

提请撤销缓刑（撤销假释）审核表代表机构内部的审核制度，是强化内部监督制约、规范法定提请程序的重要保障，有利于加强社区矫正执行过程中的重要程序的流程监控和层层把关，防止司法所等未经审核而出现随意提请的情况。撤销缓刑（撤销假释）建议书代表部门间的衔接制度，是经社区矫正机构审核后，依法向人民法院提请撤销缓刑（撤销假释）建议的法定程序。提请撤销缓刑（撤销假释）审核表是撤销缓刑（撤销假释）建议书的前置文书，只有经过相关层级的社区矫正机构审核，建议书才能依法依规制发。

二、撤销缓刑（撤销假释）相关文书的制作

（一）提请撤销缓刑（撤销假释）审核表样本、范例与制作说明

1. 文书样本

提请撤销缓刑（撤销假释）审核表

姓名		性别		身份证号码		
户籍地				执行地		
罪名		原判刑罚			附加刑	
禁止令内容				禁止期限起止日	自　年　月　日 至　年　月　日	
矫正类别		矫正期限		起止日	自　年　月　日 至　年　月　日	

续表

事由及依据	
呈报单位意见	（公章） 年 月 日
县级社区矫正机构意见	（公章） 年 月 日
地市社区矫正机构审核意见	（公章） 年 月 日
省级社区矫正机构审核意见	（公章） 年 月 日
备注	

注：此表随建议书一并报送人民法院（公安机关、监狱管理机关）。

2. 填写范例与制作说明

案例：刘某某，男，因犯故意伤害罪被人民法院判处有期徒刑一年，缓刑二年。判决生效当日，人民法院对刘某某进行教育，并告知其自判决生效之日起十日内到××区社区矫正机构报到、在社区矫正期间应当遵守的规定以及违反规定的法律后果，刘某某在《社区矫正告知书》《社区矫正保证书》上签字。同日，人民法院向××区社区矫正机构送达了有关法律文书。刘某某未在规定时间内报到，××区社区矫正机构收到法律文书后，与刘某某电话联系要求其依法报到，但刘某某明确表示不接受监管。其后，社区矫正机构、司法所多次同刘某某电话联系并实地走访开展教育，告知其违反规定拒不报到的法律后果，刘某某仍拒不接受。现刘某某无正当理由不按规定时间报到已超过一个月，拟对其提请撤销缓刑。

提请撤销缓刑（撤销假释）审核表

<table>
<tr><td>姓名</td><td>刘某某</td><td>性别</td><td>男</td><td>身份证号码</td><td colspan="2">××××××××××××××××××</td></tr>
<tr><td>户籍地</td><td colspan="3">××省××市××区××街××小区××号楼×单元×××号</td><td>执行地</td><td colspan="2">××省××市××区</td></tr>
<tr><td>罪名</td><td>故意伤害罪</td><td colspan="2">原判刑罚</td><td>有期徒刑一年</td><td>附加刑</td><td>无</td></tr>
<tr><td>禁止令内容</td><td colspan="3">无</td><td>禁止期限起止日</td><td colspan="2">自 年 月 日
至 年 月 日</td></tr>
<tr><td>矫正类别</td><td>缓刑</td><td>矫正期限</td><td>二年</td><td>起止日</td><td colspan="2">自 2020 年 7 月 7 日
至 2022 年 7 月 6 日</td></tr>
<tr><td>事由及依据</td><td colspan="6">社区矫正对象刘某某，自判决生效后未在十日内到达××区社区矫正机构报到。××区社区矫正机构收到××××法院送达的法律文书后，与刘某某进行电话联系，要求其严格依据法律规定按时报到，其拒不履行报到义务，明确表示不接受社区矫正机构的监督管理。其间，社区矫正机构、司法所多次电话联系并实地走访劝说，明确告知其违反规定拒不报到的法律后果，刘某某均拒不接受。截至 2020 年 8 月 7 日，刘某某在没有任何正当理由的情况下，不按规定时间报到已超过一个月，其行为符合提请撤销缓刑的法定情形，根据《中华人民共和国社区矫正法》第二十八条、《中华人民共和国社区矫正法实施办法》第四十六条第一款第（二）项之规定，拟对刘某某提请撤销缓刑。</td></tr>
</table>

续表

呈报单位意见	拟同意，报××市××区社区矫正机构审批 ××司法所（公章） ××年××月××日
县级社区矫正机构意见	同意提请 ××市××区社区矫正机构（公章） ××年××月××日
备注	

注：此表随建议书一并报送人民法院。

制作说明：

（1）本文书根据《中华人民共和国社区矫正法》第二十八条以及“两高两部”《中华人民共和国社区矫正法实施办法》第四十六条、第四十七条的规定制作。

（2）本文书根据提请撤销缓刑、撤销假释的情况填写相应内容，相关审批意见栏如不使用，可以在打印时删除。对建议撤销县级人民法院宣告的缓刑，只填到“县级社区矫正机构意见”栏。建议撤销假释、建议撤销由中级人民法院宣告缓刑的，应当填写“地市社区矫正机构审核意见”栏。

（3）文书应当随同卷宗报送人民法院、公安机关或者监狱管理局。

（二）撤销缓刑（撤销假释）建议书样本、范例与制作说明

1. 文书样本

撤销缓刑（撤销假释）建议书

（　　）　　字第　　号

社区矫正对象________，男（女），____年___月___日出生，___族，身份证号码____________，户籍地____________，执行地______。因犯________罪经________________人民法院于____年___月___日判处____________。____年___月___日经______人民法院裁定假释。在缓刑（假释）期间，依法实行社区矫正。社区矫正期限自____年___月___日起至____年___月___日止。

该社区矫正对象有违反法律（行政法规、社区矫正监督管理规定、人民法院禁止令）的行为，具体事实如下：________
____
____。

依据________________________之规定，建议对该社区矫正对象撤销缓刑（撤销假释）。

此致

__________人民法院

（公章）

年　月　日

注：抄送________人民法院（公安局、监狱管理局），________人民检察院，__________公安（分）局，__________监狱。

2. 填写范例与制作说明

案例： 刘某某，男，因犯故意伤害罪被人民法院判处有期徒刑一年，缓刑二年。判决生效当日，人民法院对刘某某进行教育，并告知其自判决生效之日起十日内到××区社区矫正机构报到、在社区矫正期间应当遵守的规定以及违反规定的法律后果，刘某某在《社区矫正告知书》《社区矫正保证书》上签字。同日，人民法院向××区社区矫正机构送达了有关法律文书。刘某某未在规定时间内报到，××区社区矫正机构在收到法律文书后，与刘某某电话联系要求其依法报到，但刘某某明确表示不接受监管。其后，社区矫正机构、司法所多次同刘某某电话联系并实地走访开展教育，告知其违反规定拒不报到的法律后果，刘某某仍拒不接受。现刘某某无正当理由不按规定时间报到已超过一个月，经××区社区矫正机构审批拟向××区人民法院提请对刘某某撤销缓刑建议。

撤销缓刑建议书

（2020）××矫撤缓建字第1号

社区矫正对象刘某某，男，××××年××月××日出生，汉族，身份证号码××××××××××××××××××，户籍地××省××市××区××街××小区××号楼×单元×××号，执行地××省××市××区。因犯故意伤害罪经××区人民法院于××××年××月××日判处有期徒刑一年、缓刑二年。在缓刑期间，依法实行社区矫正。社区矫正期限自2020年7月7日起至2022年7月6日止。

该社区矫正对象有违反社区矫正监督管理规定的行为，具体事实如下：社区矫正对象刘某某，自判决生效后未在十日内到××区社区矫正机构报到。××区社区矫正机构收到××××法院送达的法律文书后，与刘某某电话联系，要求其依法报到，但刘某某明确表示不接受监管。其间，社区矫正机构、司法所多次电话联系并实地走访开展教育，告知其违反规定拒不报到的法律后果，刘某某仍拒不接受。截至2020年8月7日，刘某某无正当理由不按规定时间报到已超过一个月，其行为符合提请撤销缓刑的法定情形。

依据《中华人民共和国刑法》第七十七条第二款、《中华人民共和国社区矫正法》第二十八条、《中华人民共和国社区矫正法实施办法》第四十六条第一款第（二）项之规定，建议对该社区矫正对象撤销缓刑。

此致

××××人民法院

××区社区矫正机构（公章）

××××年××月××日

注：抄送××××人民检察院。

制作说明：

（1）本文书根据《中华人民共和国刑法》第七十七条、第八十六条，《中华人民共和国社区矫正法》第二十八条，“两高两部”《中华人民共和国社区矫正法实施办法》第四十六条、第四十七条的规定制作，用于提出撤销缓刑、撤销假释的建议时使用。

（2）文书字号由年度、社区矫正机构代字、类型代字、文书编号组成，使用阿拉伯数字，例“（2020）×× 矫/撤缓/撤假建字第1号”。“依据 ________ 之规定”需要列明应适用的法律规定。

（3）撤销缓刑建议书一式三份，一份连同审批表、训诫、警告决定书、调查核实笔录等其他证明材料组卷，并另附一份向原社区矫正决定机关或者执行地社区矫正决定机关提出，一份抄送执行地同级人民检察院；撤销假释建议书一式四份，除以上三份外，还应同时抄送公安机关、罪犯原服刑或者接收其档案的监狱一份。公安机关、人民法院、执行地或者原社区矫正决定机关作出处理结果、作出裁定或者决定后，留存另附的一份，将卷宗退回社区矫正机构。

（三）注意与提示

1. 对社区矫正对象提请撤销缓刑、撤销假释建议的要准确把握适用条件，严格按照程序，开展充分的调查核实并收集固定证据材料，并进行综合研判分析后依法予以认定并提出建议。

2. 在提出撤销缓刑、撤销假释建议前，可以听取社区矫正对象的申辩意见。

三、撤销缓刑（撤销假释）文书应用环节的实体要求

（一）撤销缓刑（撤销假释）的性质

撤销缓刑（撤销假释）属于刑事执行活动，人民法院裁定撤销缓刑（撤销假释）后，意味着社区矫正终止，同时代表着社区矫正对象将被以监禁的方式执行刑罚，体现了社区矫正的严肃性和惩罚性。

（二）撤销缓刑（撤销假释）应当注意的问题

一是提请撤销缓刑、撤销假释分别有不同的法定情形，要注意区分明确，理解清楚，一旦符合法定情形，社区矫正机构就应当提请，这是社区矫正机构必须履行的法定义务。

二是要注意宣告缓刑和裁定假释的法院级别，应当按照同级之间衔接配合的原则，对社区矫正对象提请撤销缓刑、撤销假释的，应当由同级社区矫正机构向同级人民法院提出建议。

三是要注意人民法院拟撤销缓刑、假释的，应当听取社区矫正

对象的申辩及其委托的律师的意见。

四是要注意送交主体的转变，人民法院裁定撤销缓刑、假释的，应当由公安机关及时将社区矫正对象送交监狱或者看守所执行。人民法院裁定不予撤销缓刑、假释的，对被逮捕的社区矫正对象，公安机关应当立即予以释放。社区矫正机构可予以必要的协助。

（三）提请撤销缓刑（撤销假释）的主体

社区矫正对象在缓刑（假释）考验期内，有符合提请撤销缓刑（撤销假释）的法定情形的，由执行地同级社区矫正机构提出撤销缓刑（撤销假释）建议。作出是否撤销缓刑（撤销假释）裁定的主体是人民法院。

需要注意的一点是，根据《中华人民共和国社区矫正法实施办法》的规定，社区矫正机构一般向原审人民法院提出撤销缓刑（撤销假释）建议，如果原审人民法院与执行地同级社区矫正机构不在同一省、自治区、直辖市的，也可以向执行地人民法院提出建议。从实践操作来看，建议以向执行地人民法院提出建议为宜，既符合就近、便利的原则，也符合属地管辖的原则。

（四）社区矫正机构应当依法提请撤销缓刑的情形

1. 违反禁止令，情节严重的。

2. 无正当理由不按规定时间报到或者接受社区矫正期间脱离监管，超过一个月的。

3. 因违反监督管理规定受到治安管理处罚，仍不改正的。

4. 受到社区矫正机构两次警告，仍不改正的。

5. 其他违反有关法律、行政法规和监督管理规定，情节严重的情形。

（五）社区矫正机构应当依法提请撤销假释的情形

1. 无正当理由不按规定时间报到或者接受社区矫正期间脱离监管，超过一个月的。

2. 受到社区矫正机构两次警告，仍不改正的。

3. 其他违反有关法律、行政法规和监督管理规定，尚未构成新的犯罪的。

四、撤销缓刑（撤销假释）文书应用环节的程序要求

（一）审核上报

1. 司法所发现社区矫正对象有应当依法提请撤销缓刑（撤销假释）的情形。

2. 司法所应当组织两名以上工作人员开展调查取证工作，填写《提请撤销缓刑（撤销假释）审核表》并签署意见。

3. 司法所应当向执行地县级社区矫正机构上报《提请撤销缓刑（撤销假释）审核表》并附相应证据材料。

（二）审批提请

1. 执行地县级社区矫正机构在收到《提请撤销缓刑（撤销假释）审核表》及相应证据材料后，应当进行审查核实。

2. 执行地县级社区矫正机构应当组织两名以上工作人员继续组织开展调查取证，固定证据，做好记录。必要时可听取社区矫正对象申辩。

3. 执行地县级社区矫正机构应当根据审查核实、调查取证等情况，综合分析证据材料，作出是否提请撤销缓刑（撤销假释）的决定。在决定前，可组成考核奖惩工作小组进行评定，成立小组的人

员一般不少于 3 人且为单数，小组中应包括社区矫正机构负责人。

4. 决定提请撤销缓刑的，如果原决定机关是县级人民法院，则执行地县级社区矫正机构应当制作《撤销缓刑建议书》，并附相关证据材料，形成案卷提请同级人民法院撤销缓刑。

5. 决定提请撤销缓刑（撤销假释），如果原决定机关是中级人民法院①，则执行地县级社区矫正机构应当向执行地市级社区矫正机构上报《提请撤销缓刑（撤销假释）审核表》并附相应证据材料。然后，由市级社区矫正机构按照同样的工作程序，制作《撤销缓刑（撤销假释）建议书》，并附相关证据材料，形成案卷提请同级人民法院撤销缓刑（撤销假释）。

6. 社区矫正机构向人民法院移送提请撤销缓刑、假释的案卷内容一般包括：撤销缓刑、假释建议书二份；对违法违规行为的行政强制措施、处罚决定书；原一、二审刑事裁判书、原假释裁定书复印件、执行通知书、历次减刑裁定书复印件；提请撤销缓刑、假释审核表；社区矫正对象综合表现材料；有其他撤销缓刑、假释情形的证明材料等。

7. 社区矫正机构应当将撤销缓刑、假释的建议书和案卷材料抄送执行地同级人民检察院，人民检察院出具检察意见书。为做好提前衔接，社区矫正机构一般还应当将撤销缓刑、假释的建议书同时抄送执行地同级公安机关及罪犯原服刑或者接收其档案的监狱、看守所。

（三）裁定送交

1. 人民法院对社区矫正机构提请的撤销缓刑（撤销假释）案件，应当及时受理，并进行登记。

---

① 根据《中华人民共和国刑法》第八十二条和第七十九条的规定，假释只能由中级以上人民法院作出裁定。

2. 人民法院应当在收到社区矫正机构撤销缓刑、假释建议书后三十日内作出裁定，将裁定书送达社区矫正机构和公安机关，并抄送人民检察院、罪犯原服刑或者接收其档案的监狱。原审人民法院所在地为外省、自治区、直辖市的，还应同时将裁定书抄送原审人民法院。

3. 人民法院拟撤销缓刑、假释的，应当听取社区矫正对象的申辩及其委托的律师的意见。

4. 人民法院裁定撤销缓刑、假释的，公安机关应当及时将社区矫正对象送交监狱或者看守所执行。执行以前被逮捕的，羁押一日折抵刑期一日。

5. 公安机关在收到人民法院的撤销缓刑（撤销假释）的裁定书、执行通知书等法律文书后，应当本着就近、便利、安全的原则，及时将罪犯送交看守所或者监狱执行刑罚。执行地的社区矫正机构予以协助，向执行地的公安机关移交原一、二审刑事裁判书复印件、原起诉书副本、原结案登记表复印件各一份，以及社区矫正期间的表现材料。

6. 人民法院裁定不予撤销缓刑、假释的，对被逮捕的社区矫正对象，公安机关应当立即予以释放。

（四）归档终止

司法所一般应当在社区矫正终止后及时将社区矫正对象工作档案进行整理并移交至执行地县级社区矫正机构。执行地县级社区矫正机构应当将社区矫正档案和工作档案合并整理归档，统一进行保管。

五、撤销缓刑（撤销假释）文书法律依据

《中华人民共和国刑法》

第七十七条 被宣告缓刑的犯罪分子，在缓刑考验期限内犯新

罪或者发现判决宣告以前还有其他罪没有判决的，应当撤销缓刑，对新犯的罪或者新发现的罪作出判决，把前罪和后罪所判处的刑罚，依照本法第六十九条的规定，决定执行的刑罚。

被宣告缓刑的犯罪分子，在缓刑考验期限内，违反法律、行政法规或者国务院有关部门关于缓刑的监督管理规定，或者违反人民法院判决中的禁止令，情节严重的，应当撤销缓刑，执行原判刑罚。

第八十六条 被假释的犯罪分子，在假释考验期限内犯新罪，应当撤销假释，依照本法第七十一条的规定实行数罪并罚。

在假释考验期限内，发现被假释的犯罪分子在判决宣告以前还有其他罪没有判决的，应当撤销假释，依照本法第七十条的规定实行数罪并罚。

被假释的犯罪分子，在假释考验期限内，有违反法律、行政法规或者国务院有关部门关于假释的监督管理规定的行为，尚未构成新的犯罪的，应当依照法定程序撤销假释，收监执行未执行完毕的刑罚。

《中华人民共和国社区矫正法》

第二十八条 社区矫正机构根据社区矫正对象的表现，依照有关规定对其实施考核奖惩。社区矫正对象认罪悔罪、遵守法律法规、服从监督管理、接受教育表现突出的，应当给予表扬。社区矫正对象违反法律法规或者监督管理规定的，应当视情节依法给予训诫、警告、提请公安机关予以治安管理处罚，或者依法提请撤销缓刑、撤销假释、对暂予监外执行的收监执行。

对社区矫正对象的考核结果，可以作为认定其是否确有悔改表现或者是否严重违反监督管理规定的依据。

第四十六条 社区矫正对象具有刑法规定的撤销缓刑、假释情形的，应当由人民法院撤销缓刑、假释。

对于在考验期限内犯新罪或者发现判决宣告以前还有其他罪没

有判决的，应当由审理该案件的人民法院撤销缓刑、假释，并书面通知原审人民法院和执行地社区矫正机构。

对于有第二款规定以外的其他需要撤销缓刑、假释情形的，社区矫正机构应当向原审人民法院或者执行地人民法院提出撤销缓刑、假释建议，并将建议书抄送人民检察院。社区矫正机构提出撤销缓刑、假释建议时，应当说明理由，并提供有关证据材料。

第四十八条 人民法院应当在收到社区矫正机构撤销缓刑、假释建议书后三十日内作出裁定，将裁定书送达社区矫正机构和公安机关，并抄送人民检察院。

人民法院拟撤销缓刑、假释的，应当听取社区矫正对象的申辩及其委托的律师的意见。

人民法院裁定撤销缓刑、假释的，公安机关应当及时将社区矫正对象送交监狱或者看守所执行。执行以前被逮捕的，羁押一日折抵刑期一日。

人民法院裁定不予撤销缓刑、假释的，对被逮捕的社区矫正对象，公安机关应当立即予以释放。

《中华人民共和国社区矫正法实施办法》

第三十二条 社区矫正机构应当根据有关法律法规、部门规章和其他规范性文件，建立内容全面、程序合理、易于操作的社区矫正对象考核奖惩制度。

社区矫正机构、受委托的司法所应当根据社区矫正对象认罪悔罪、遵守有关规定、服从监督管理、接受教育等情况，定期对其考核。对于符合表扬条件、具备训诫、警告情形的社区矫正对象，经执行地县级社区矫正机构决定，可以给予其相应奖励或者处罚，作出书面决定。对于涉嫌违反治安管理行为的社区矫正对象，执行地县级社区矫正机构可以向同级公安机关提出建议。社区矫正机构奖励或者处罚的书面决定应当抄送人民检察院。

社区矫正对象的考核结果与奖惩应当书面通知其本人，定期公示，记入档案，做到准确及时、公开公平。社区矫正对象对考核奖惩提出异议的，执行地县级社区矫正机构应当及时处理，并将处理结果告知社区矫正对象。社区矫正对象对处理结果仍有异议的，可以向人民检察院提出。

第三十六条 社区矫正对象违反监督管理规定或者人民法院禁止令，依法应予治安管理处罚的，执行地县级社区矫正机构应当及时提请同级公安机关依法给予处罚，并向执行地同级人民检察院抄送治安管理处罚建议书副本，及时通知处理结果。

第三十八条 发现社区矫正对象失去联系的，社区矫正机构应当立即组织查找，可以采取通信联络、信息化核查、实地查访等方式查找，查找时要做好记录，固定证据。查找不到的，社区矫正机构应当及时通知公安机关，公安机关应当协助查找。社区矫正机构应当及时将组织查找的情况通报人民检察院。

查找到社区矫正对象后，社区矫正机构应当根据其脱离监管的情形，给予相应处置。虽能查找到社区矫正对象下落但其拒绝接受监督管理的，社区矫正机构应当视情节依法提请公安机关予以治安管理处罚，或者依法提请撤销缓刑、撤销假释、对暂予监外执行的收监执行。

第四十条 发现社区矫正对象有违反监督管理规定或者人民法院禁止令等违法情形的，执行地县级社区矫正机构应当调查核实情况，收集有关证据材料，提出处理意见。

社区矫正机构发现社区矫正对象有撤销缓刑、撤销假释或者暂予监外执行收监执行的法定情形的，应当组织开展调查取证工作，依法向社区矫正决定机关提出撤销缓刑、撤销假释或者暂予监外执行收监执行建议，并将建议书抄送同级人民检察院。

第四十六条 社区矫正对象在缓刑考验期内，有下列情形之一的，由执行地同级社区矫正机构提出撤销缓刑建议：

（一）违反禁止令，情节严重的；

（二）无正当理由不按规定时间报到或者接受社区矫正期间脱离监管，超过一个月的；

（三）因违反监督管理规定受到治安管理处罚，仍不改正的；

（四）受到社区矫正机构两次警告，仍不改正的；

（五）其他违反有关法律、行政法规和监督管理规定，情节严重的情形。

社区矫正机构一般向原审人民法院提出撤销缓刑建议。如果原审人民法院与执行地同级社区矫正机构不在同一省、自治区、直辖市的，可以向执行地人民法院提出建议，执行地人民法院作出裁定的，裁定书同时抄送原审人民法院。

社区矫正机构撤销缓刑建议书和人民法院的裁定书副本同时抄送社区矫正执行地同级人民检察院。

第四十七条 社区矫正对象在假释考验期内，有下列情形之一的，由执行地同级社区矫正机构提出撤销假释建议：

（一）无正当理由不按规定时间报到或者接受社区矫正期间脱离监管，超过一个月的；

（二）受到社区矫正机构两次警告，仍不改正的；

（三）其他违反有关法律、行政法规和监督管理规定，尚未构成新的犯罪的。

社区矫正机构一般向原审人民法院提出撤销假释建议。如果原审人民法院与执行地同级社区矫正机构不在同一省、自治区、直辖市的，可以向执行地人民法院提出建议，执行地人民法院作出裁定的，裁定书同时抄送原审人民法院。

社区矫正机构撤销假释的建议书和人民法院的裁定书副本同时抄送社区矫正执行地同级人民检察院、公安机关、罪犯原服刑或者接收其档案的监狱。

第五十条 人民法院裁定撤销缓刑、撤销假释或者决定暂予监外执行收监执行的，由执行地县级公安机关本着就近、便利、安全的原则，送交社区矫正对象执行地所属的省、自治区、直辖市管辖范围内的看守所或者监狱执行刑罚。

公安机关决定暂予监外执行收监执行的，由执行地县级公安机关送交存放或者接收罪犯档案的看守所收监执行。

监狱管理机关决定暂予监外执行收监执行的，由存放或者接收罪犯档案的监狱收监执行。

第十六章

提请收监执行审核表及收监执行建议书

一、收监执行文书的概念及作用

提请收监执行文书包括提请收监执行审核表和收监执行建议书。

提请收监执行审核表是社区矫正机构或受委托的司法所认为社区矫正对象符合提请收监执行的法定情形，拟向决定机关提请时，进行内部逐级审批或审核的表格。表格内容包括社区矫正对象的基本信息、提请的事由及依据、呈报单位意见、县级社区矫正机构意见、地市社区矫正机构审核意见、省级社区矫正机构审核意见等。

收监执行建议书是社区矫正机构在监管过程中发现社区矫正对象符合应当予以收监执行的法定情形时，向决定机关提出收监执行建议时所使用的法律文书。该文书内容主要包括社区矫正对象的基本信息，社区矫正对象有违反法律（行政法规、社区矫正监督管理规定、人民法院禁止令）行为的具体事实，依据法律具体条文的规定建议对该社区矫正对象给予收监执行，以及提出建议的对象机关、抄送单位等。

二、收监执行相关文书的制作

（一）提请收监执行审核表样本、范例与制作说明

1. 文书样本

提请收监执行审核表

<table>
<tr><td>姓名</td><td></td><td>性别</td><td></td><td>身份证
号码</td><td colspan="2"></td></tr>
<tr><td>户籍地</td><td colspan="3"></td><td>执行地</td><td colspan="2"></td></tr>
<tr><td>罪名</td><td></td><td colspan="2">原判刑罚</td><td></td><td>附加刑</td><td></td></tr>
<tr><td>禁止令
内容</td><td colspan="3"></td><td>禁止期限
起止日</td><td colspan="2">自　年　月　日
至　年　月　日</td></tr>
<tr><td>矫正
类别</td><td></td><td>矫正
期限</td><td></td><td>起止日</td><td colspan="2">自　年　月　日
至　年　月　日</td></tr>
<tr><td>事由及依据</td><td colspan="6"></td></tr>
<tr><td>呈报单位
意见</td><td colspan="6">（公章）
年　月　日</td></tr>
<tr><td>县级社区
矫正机构
意见</td><td colspan="6">（公章）
年　月　日</td></tr>
<tr><td>地市社区
矫正机构
审核意见</td><td colspan="6">（公章）
年　月　日</td></tr>
</table>

续表

省级社区矫正机构审核意见	（公章） 年　月　日
备注	

注：此表随建议书一并报送人民法院（公安机关、监狱管理机关）。

2. 填写范例与制作说明

案例：李某某，女，因涉嫌诈骗被刑事拘留，次日因发现其怀孕被取保候审，后人民法院以其犯诈骗罪判处有期徒刑三年，并处罚金人民币一万元。判决生效后，人民法院于 2020 年 7 月 21 日以其属怀孕妇女（后于 2020 年 8 月 3 日生产一子）为由决定暂予监外执行，并交付至社区矫正机构实施社区矫正。暂予监外执行期限自 2020 年 7 月 21 日起至 2021 年 8 月 3 日止。现李某某哺乳期即将届满，暂予监外执行情形即将消失，但刑期未满，拟提请对李某某收监执行建议。

提请收监执行审核表

姓名	李某某	性别	女	身份证号码	××××××××× ×××××××××	
户籍地	××省××市××区××街××小区××号楼×单元×××号			执行地	××省××市××区	
罪名	诈骗罪	原判刑罚		有期徒刑三年	附加刑	罚金人民币一万元

续表

<table>
<tr><td>禁止令内容</td><td colspan="3">无</td><td>禁止期限起止日</td><td>自　年　月　日
至　年　月　日</td></tr>
<tr><td>矫正类别</td><td>暂予监外执行</td><td>矫正期限</td><td>一年十三天</td><td>起止日</td><td>自 2020 年 7 月 21 日
至 2021 年 8 月 3 日</td></tr>
<tr><td>事由及依据</td><td colspan="5">社区矫正期间，李某某于 2020 年 8 月 3 日生产一子，经实地走访等了解，李某某能够在家哺乳照顾婴儿。李某某哺乳期即将于 2021 年 8 月 3 日届满，暂予监外执行情形即将消失，但刑期未满，符合应当予以收监执行的情形。根据《中华人民共和国刑事诉讼法》第二百六十八条第一款第（三）项、《中华人民共和国社区矫正法》第二十八条、《中华人民共和国社区矫正法实施办法》第四十九条第一款第（六）项之规定，拟对李某某提请收监执行。</td></tr>
<tr><td>呈报单位意见</td><td colspan="5">拟同意，报××市××区社区矫正机构审批
××司法所（公章）
××年××月××日</td></tr>
<tr><td>县级社区矫正机构意见</td><td colspan="5">同意提请
××市××区社区矫正机构（公章）
××年××月××日</td></tr>
<tr><td>备注</td><td colspan="5"></td></tr>
</table>

注：此表随建议书一并报送人民法院。

制作说明：

（1）本文书根据《中华人民共和国社区矫正法》第二十八条以及“两高两部”《中华人民共和国社区矫正法实施办法》第四十九条的规定制作。

（2）本文书根据提请收监执行情况填写相应内容，相关审批意见栏如不使用，可以在打印时删除。对建议县级人民法院决定暂予监外执行，建议公安机关、监狱管理局收监执行的，只填到“县级社区矫正机构意见”栏。建议由中级人民法院决定暂予监外执行的收监执行，应当填写“地市社区矫正机构意见”栏。

（3）文书应当随同卷宗报送人民法院、公安机关或者监狱管理局。

（二）收监执行建议书样本、范例与制作说明

1. 文书样本

收监执行建议书

（　　）　　字第　　号

社区矫正对象________，男（女），____年___月___日出生，___族，身份证号码____________，户籍地________，执行地______。因犯________罪经_______________人民法院于____年___月___日判处___________。____年___月___日经________人民法院（监狱管理局、公安局）决定、批准暂予监外执行。在暂予监外执行期间，依法实行社区矫正。社区矫正期限自____年___月___日起至____年___月___日止。

该社区矫正对象有违反法律（行政法规、社区矫正监督管理规定）的行为，具体事实如下：__________________________
____
____。

依据________________________________之规定，建议对该社区矫正对象收监执行。

此致

__________人民法院（公安局、监狱管理局）

（公章）

年　月　日

注：抄送________人民法院（公安局、监狱管理局），________人民检察院，__________公安（分）局，__________监狱。

2. 填写范例与制作说明

案例：李某某，女，因涉嫌诈骗被刑事拘留，次日因发现其怀孕被取保候审，后人民法院以其犯诈骗罪判处有期徒刑三年，并处罚金人民币一万元。判决生效后，人民法院于2020年7月21日以其属怀孕妇女（后于2020年8月3日生产一子）为由决定暂予监外执行，并交付至社区矫正机构实施社区矫正。暂予监外执行期限自2020年7月21日起至2021年8月3日止。现李某某哺乳期即将届满，暂予监外执行情形即将消失，但刑期未满。经社区矫正机构批准，拟向××区人民法院提请对李某某收监执行建议。

收监执行建议书

（2020）××矫收执建字第1号

社区矫正对象李某某，女，××××年××月××日出生，汉族，身份证号码××××××××××××××××××，户籍地××省××市××区××街××小区××号楼×单元×××号，执行地××省××市××区。因犯诈骗罪经××区人民法院于××××年××月××日判处有期徒刑三年，并处罚金人民币一万元。2020年7月21日经××区人民法院决定暂予监外执行。在暂予监外执行期间，依法实行社区矫正。社区矫正期限自2020年7月21日起至2021年8月3日止。

该社区矫正对象哺乳期即将于2021年8月3日届满，暂予监外执行即将情形消失，但刑期未满，符合应当予以提请收监执行的法定情形。

依据《中华人民共和国刑事诉讼法》第二百六十八条第一款第（三）项、《中华人民共和国社区矫正法》第二十八条、《中华人民共和国社区矫正法实施办法》第四十九条第一款第（六）项之规定，建议对该社区矫正对象给予收监执行。

此致

××××人民法院

××市××区社区矫正机构（公章）

××××年××月××日

注：抄送××××人民检察院。

制作说明：

（1）本文书根据《中华人民共和国刑事诉讼法》第二百六十八条，《中华人民共和国社区矫正法》第二十八条，“两高两部”《中华人民共和国社区矫正法实施办法》第四十九条的规定制作，用于提出暂予监外执行收监执行的建议时使用。

（2）文书字号由年度、社区矫正机构代字、类型代字、文书编号组成，使用阿拉伯数字，例“（2020）××矫收执建字第1号”。“依据 ________之规定”需要列明应适用的法律规定。

（3）暂予监外执行收监执行建议书一式三份，一份连同审批表、训诫、警告决定书、调查核实笔录等其他证明材料组卷，并另附一份向原社区矫正决定机关或者执行地社区矫正决定机关提出，一份抄送执行地同级人民检察院。公安机关、人民法院、执行地或者原社区矫正决定机关作出决定后，留存另附的一份，将卷宗退回社区矫正机构。

（三）注意与提示

1. 对社区矫正对象提请收监执行建议的要准确把握适用条件，严格按照程序，开展充分的调查核实并收集固定证据材料，并进行综合研判分析后依法予以认定并提出建议。

2. 对发现拟提出收监执行的社区矫正对象有法律规定的不计入刑期情形的，应一并进行调查核实并收集固定证据材料，在建议中一并予以说明，并附有关证据材料。

3. 在提出收监执行建议前，亦可以听取社区矫正对象的申辩意见。

三、收监执行文书应用环节的实体要求

（一）暂予监外执行及收监执行的性质

暂予监外执行是一种非监禁刑的刑罚执行方式，社区矫正机构作为执行主体，对暂予监外执行的社区矫正对象执行的是刑罚，矫正期限是社区矫正决定机关作出执行通知书认定的刑期。收监执行属于刑事执行活动，决定机关决定收监执行后，意味着社区矫正终止，同时代表着社区矫正对象将被以监禁刑的方式继续执行刑罚。

（二）提请收监执行的主体

暂予监外执行的社区矫正对象在矫正期间，有符合提请收监执行的法定情形的，由执行地县级社区矫正机构提出收监执行建议。

对于提出收监执行建议，《中华人民共和国社区矫正法实施办法》已明确规定，社区矫正机构一般向执行地社区矫正决定机关提出收监执行建议。如果原社区矫正决定机关与执行地县级社区矫正机构在同一省、自治区、直辖市的，可以向原社区矫正决定机关提

出建议。社区矫正机构的收监执行建议书和决定机关的决定书，应当同时抄送执行地县级人民检察院。

（三）暂予监外执行保证人的确定

提出并确定保证人是罪犯是否符合暂予监外执行的条件之一。当出现保证人丧失保证条件或者因不履行义务被取消保证人资格的情况时，社区矫正机构可要求罪犯提出新的保证人，报社区矫正机构批准。保证人资格被取消后，罪犯没有亲属、监护人的，社区矫正机构可协调居住地村（居）民委员会、原所在单位推荐新的保证人。不能在规定期限内提出新保证人时，社区矫正机构应当提出收监执行建议。因此，应当对保证人的条件和义务有更深刻的理解和全面的掌握。

《暂予监外执行规定》第十条规定，罪犯需要保外就医的，应当由罪犯本人或者其亲属、监护人提出保证人，保证人由监狱、看守所审查确定。罪犯没有亲属、监护人的，可以由其居住地的村（居）民委员会、原所在单位或者社区矫正机构推荐保证人。保证人应当向监狱、看守所提交保证书。

《暂予监外执行规定》第十一条规定，保证人应当同时具备以下条件：（1）具有完全民事行为能力，愿意承担保证人义务；（2）人身自由未受到限制；（3）有固定的住处和收入；（4）能够与被保证人共同居住或者居住在同一市、县。

《暂予监外执行规定》第十二条规定，罪犯在暂予监外执行期间，保证人应当履行以下义务：（1）协助社区矫正机构监督被保证人遵守法律和有关规定；（2）发现被保证人擅自离开居住的市、县或者变更居住地，或者有违法犯罪行为，或者需要保外就医情形消失，或者被保证人死亡的，立即向社区矫正机构报告；（3）为被保证人的治疗、护理、复查以及正常生活提供帮助；（4）督促和协助被保证人按照规定履行定期复查病情和向社区矫正机构报告的义务。

社区矫正机构、司法所应当督促暂予监外执行罪犯保证人认真履行保证义务，对不积极履行保证义务的，应当及时批评教育。

（四）社区矫正机构应当依法提请收监执行的情形

1. 不符合暂予监外执行条件的；

2. 未经社区矫正机构批准擅自离开居住的市、县，经警告拒不改正，或者拒不报告行踪，脱离监管的；

3. 因违反监督管理规定受到治安管理处罚，仍不改正的；

4. 受到社区矫正机构两次警告的；

5. 保外就医期间不按规定提交病情复查情况，经警告拒不改正的；

6. 暂予监外执行的情形消失后，刑期未满的；

7. 保证人丧失保证条件或者因不履行义务被取消保证人资格，不能在规定期限内提出新的保证人的；

8. 其他违反有关法律、行政法规和监督管理规定，情节严重的情形。

（五）收监执行应当注意的问题

一是要准确把握提请收监执行的法定情形。社区矫正机构、司法所应当通过定期审查、实地查访等方式，对不符合暂予监外执行条件的，以及暂予监外执行情形消失后刑期未满等法定情形给予高度关注。一旦符合收监执行法定情形，社区矫正机构就应当提请，这是社区矫正机构必须履行的法定义务。

二是要运用实质性审查方式。社区矫正机构、司法所应当对怀孕的社区矫正对象查看每月妊娠检查报告情况、对保外就医的社区矫正对象查看每月身体报告情况及每三个月病情检查复查情况、对正在哺乳自己婴儿及生活不能自理的社区矫正对象应当定期实地走访并查看身体情况报告，做好实质性审查工作。社区矫正机构根据工作需要，可以协调进行病情诊断、妊娠检查或者生活不能自理的鉴别，并根据需要向社区矫正决定机关反馈情况。

三是要注意明确决定机关，可以决定暂予监外执行收监执行的机关分别有人民法院、公安机关和监狱管理机关，社区矫正机构应当向决定机关提出建议。

四是要注意送交主体的转变，人民法院决定暂予监外执行收监执行的，由执行地县级公安机关本着就近、便利、安全的原则，送交社区矫正对象执行地所属的省、自治区、直辖市管辖范围内的看守所或者监狱执行刑罚。公安机关决定暂予监外执行收监执行的，由执行地县级公安机关送交存放或者接收罪犯档案的看守所收监执行。监狱管理机关决定暂予监外执行收监执行的，由存放或者接收罪犯档案的监狱收监执行。

四、收监执行文书应用环节的程序要求

（一）审核上报

1. 司法所发现社区矫正对象具有应当依法提请收监执行的情形。

2. 司法所应当组织两名以上工作人员开展调查取证工作，填写《提请收监执行审核表》并签署意见。

3. 司法所应当向执行地县级社区矫正机构上报《提请收监执行审核表》并附相应证据材料。

（二）审批提请

1. 执行地县级社区矫正机构在收到《提请收监执行审核表》

及相应证据材料后，应当进行审查核实。

2. 执行地县级社区矫正机构应当组织两名以上工作人员继续组织开展调查取证，固定证据，做好记录。必要时可听取社区矫正对象申辩。

3. 社区矫正机构发现被收监执行的罪犯有法律规定的不计入执行刑期情形的，亦应当一并开展调查取证，固定证据，做好记录。

4. 执行地县级社区矫正机构应当根据审查核实、调查取证情况，综合分析证据材料，作出是否提请收监执行的决定。在决定前，可组成考核奖惩工作小组进行评定，成立小组的人员一般不少于3人且为单数，小组中应包括社区矫正机构负责人。

5. 决定提请收监执行的，执行地县级社区矫正机构应当制作《收监执行建议书》，并附相关证据材料，形成案卷，向执行地社区矫正决定机关提出收监执行建议。如果原社区矫正决定机关与执行地县级社区矫正机构在同一省、自治区、直辖市的，可以向原社区矫正决定机关提出建议。社区矫正机构的收监执行建议书，应当同时抄送执行地县级人民检察院，人民检察院出具检察意见书。

6. 社区矫正机构向暂予监外执行的决定机关和人民检察院移送的案卷材料一般包括：收监执行建议书二份；治安管理处罚决定书；原一、二审刑事裁判书，原暂予监外执行决定书复印件；提议收监执行审核表；暂予监外执行情形消失或有其他收监执行情形、脱逃及其起止日期证明；社区矫正对象综合表现材料等。

7. 人民检察院在收到社区矫正机构抄送的收监执行建议书及案卷材料后，逐案进行审查，一般自收到建议书之日起十日以内审查完毕。

8. 对于暂予监外执行的罪犯，人民检察院发现罪犯不符合暂予监外执行条件、严重违反有关暂予监外执行的监督管理规定或者暂予监外执行的情形消失而罪犯刑期未满的，应当建议执行机关依法提请收监执行，或者建议决定或者批准暂予监外执行的机关作出收监执行决定。

（三）决定送交

1. 人民法院、公安机关、监狱管理机关在收到社区矫正机构的收监执行案卷材料后，应当进行全面审查。在收到收监执行建议书后三十日内作出是否收监执行的决定。人民法院、公安机关、监狱管理机关经审查认为需要补充相关证据材料的，可以要求社区矫正机构进行补充，社区矫正机构一般应当及时补充移送。

2. 人民法院、监狱管理机关、公安机关应当在作出收监执行决定后，将决定书送达执行地的公安机关和社区矫正机构，并抄送人民检察院。

3. 人民法院、公安机关对暂予监外执行的社区矫正对象决定收监执行的，执行地公安机关应当本着就近、便利、安全的原则，及时将暂予监外执行罪犯送交监狱或者看守所收监执行。执行地的社区矫正机构予以协助，并向执行地公安机关移交相应材料。

4. 监狱管理机关对暂予监外执行的社区矫正对象决定收监执行的，由存放或者接收罪犯档案的监狱收监执行。执行地社区矫正机构、公安机关予以配合，执行地社区矫正机构同时向监狱移交相关材料。

5. 人民法院、监狱管理机关、公安机关决定收监执行的暂予监外执行罪犯，监狱、看守所应当依法收监。

（四）归档终止

司法所一般应当在社区矫正终止后及时将社区矫正对象工作档案进行整理并移交至执行地县级社区矫正机构。执行地县级社区矫正机构应当将社区矫正档案和工作档案合并整理归档，统一进行保管。

五、收监执行文书法律依据

《中华人民共和国刑事诉讼法》

第二百六十八条 对暂予监外执行的罪犯，有下列情形之一的，应当及时收监：

（一）发现不符合暂予监外执行条件的；

（二）严重违反有关暂予监外执行监督管理规定的；

（三）暂予监外执行的情形消失后，罪犯刑期未满的。

对于人民法院决定暂予监外执行的罪犯应当予以收监的，由人民法院作出决定，将有关的法律文书送达公安机关、监狱或者其他执行机关。

不符合暂予监外执行条件的罪犯通过贿赂等非法手段被暂予监外执行的，在监外执行的期间不计入执行刑期。罪犯在暂予监外执行期间脱逃的，脱逃的期间不计入执行刑期。

罪犯在暂予监外执行期间死亡的，执行机关应当及时通知监狱或者看守所。

《中华人民共和国社区矫正法》

第四十九条 暂予监外执行的社区矫正对象具有刑事诉讼法规定的应当予以收监情形的，社区矫正机构应当向执行地或者原社区矫正决定机关提出收监执行建议，并将建议书抄送人民检察院。

社区矫正决定机关应当在收到建议书后三十日内作出决定，将决定书送达社区矫正机构和公安机关，并抄送人民检察院。

人民法院、公安机关对暂予监外执行的社区矫正对象决定收监执行的，由公安机关立即将社区矫正对象送交监狱或者看守所收监执行。

监狱管理机关对暂予监外执行的社区矫正对象决定收监执行的，监狱应当立即将社区矫正对象收监执行。

《中华人民共和国社区矫正法实施办法》

第三十八条 发现社区矫正对象失去联系的，社区矫正机构应当立即组织查找，可以采取通信联络、信息化核查、实地查访等方式查找，查找时要做好记录，固定证据。查找不到的，社区矫正机构应当及时通知公安机关，公安机关应当协助查找。社区矫正机构应当及时将组织查找的情况通报人民检察院。

查找到社区矫正对象后，社区矫正机构应当根据其脱离监管的情形，给予相应处置。虽能查找到社区矫正对象下落但其拒绝接受监督管理的，社区矫正机构应当视情节依法提请公安机关予以治安管理处罚，或者依法提请撤销缓刑、撤销假释、对暂予监外执行的收监执行。

第四十条 发现社区矫正对象有违反监督管理规定或者人民法院禁止令等违法情形的，执行地县级社区矫正机构应当调查核实情况，收集有关证据材料，提出处理意见。

社区矫正机构发现社区矫正对象有撤销缓刑、撤销假释或者暂予监外执行收监执行的法定情形的，应当组织开展调查取证工作，依法向社区矫正决定机关提出撤销缓刑、撤销假释或者暂予监外执行收监执行建议，并将建议书抄送同级人民检察院。

第四十九条 暂予监外执行的社区矫正对象有下列情形之一的，由执行地县级社区矫正机构提出收监执行建议：

（一）不符合暂予监外执行条件的；

（二）未经社区矫正机构批准擅自离开居住的市、县，经警告拒不改正，或者拒不报告行踪，脱离监管的；

（三）因违反监督管理规定受到治安管理处罚，仍不改正的；

（四）受到社区矫正机构两次警告的；

（五）保外就医期间不按规定提交病情复查情况，经警告拒不改正的；

（六）暂予监外执行的情形消失后，刑期未满的；

（七）保证人丧失保证条件或者因不履行义务被取消保证人资格，不能在规定期限内提出新的保证人的；

（八）其他违反有关法律、行政法规和监督管理规定，情节严重的情形。

社区矫正机构一般向执行地社区矫正决定机关提出收监执行建议。如果原社区矫正决定机关与执行地县级社区矫正机构在同一省、自治区、直辖市的，可以向原社区矫正决定机关提出建议。

社区矫正机构的收监执行建议书和决定机关的决定书，应当同时抄送执行地县级人民检察院。

第五十条 人民法院裁定撤销缓刑、撤销假释或者决定暂予监外执行收监执行的，由执行地县级公安机关本着就近、便利、安全的原则，送交社区矫正对象执行地所属的省、自治区、直辖市管辖范围内的看守所或者监狱执行刑罚。

公安机关决定暂予监外执行收监执行的，由执行地县级公安机关送交存放或者接收罪犯档案的看守所收监执行。

监狱管理机关决定暂予监外执行收监执行的，由存放或者接收罪犯档案的监狱收监执行。

《暂予监外执行规定》

第十条 罪犯需要保外就医的，应当由罪犯本人或者其亲属、监护人提出保证人，保证人由监狱、看守所审查确定。

罪犯没有亲属、监护人的，可以由其居住地的村（居）民委员会、原所在单位或者社区矫正机构推荐保证人。

保证人应当向监狱、看守所提交保证书。

第二十一条 社区矫正机构应当及时掌握暂予监外执行罪犯的身体情况以及疾病治疗等情况，每三个月审查保外就医罪犯的病情复查情况，并根据需要向批准、决定机关或者有关监狱、看守所反馈情况。

第二十六条 被收监执行的罪犯有法律规定的不计入执行刑期情形的，社区矫正机构应当在收监执行建议书中说明情况，并附有关证明材料。批准机关进行审核后，应当及时通知监狱、看守所向所在地的中级人民法院提出不计入执行刑期的建议书。人民法院应当自收到建议书之日起一个月以内依法对罪犯的刑期重新计算作出裁定。

人民法院决定暂予监外执行的，在决定收监执行的同时应当确定不计入刑期的期间。

人民法院应当将有关的法律文书送达监狱、看守所，同时抄送同级人民检察院。

第十七章

提请逮捕审核表及社区矫正对象逮捕建议书

一、社区矫正对象逮捕文书的概念及作用

社区矫正对象逮捕文书包括提请逮捕审核表和社区矫正对象逮捕建议书。

提请逮捕审核表是社区矫正机构或受委托的司法所认为社区矫正对象符合提请逮捕的法定情形，拟向人民法院提请时，进行内部逐级审批或审核的表格。表格内容包括社区矫正对象的基本信息、提请的事由及依据、呈报单位意见、县级社区矫正机构意见、地市社区矫正机构审核意见、省级社区矫正机构审核意见等。

社区矫正对象逮捕建议书是被提请撤销缓刑、假释的社区矫正对象可能逃跑或者可能发生社会危险的，社区矫正机构在提出撤销缓刑、假释建议的同时，也提请人民法院决定对其予以逮捕所使用的法律文书。该文书的主要内容包括：社区矫正对象个人基本信息、刑事判决信息、社区矫正执行相关信息；在社区矫正期间，该社区矫正对象有违反法律（行政法规、社区矫正监督管理规定、人民法院禁止令）的行为，被提请撤销缓刑（假释），并具有应予逮捕的情形的相关具体事实；建议逮捕的法律依据和被提请（建议）的人民法院名称。

二、社区矫正对象逮捕相关文书的制作

（一）提请逮捕审核表样本、范例与制作说明

1. 文书样本

提请逮捕审核表

<table>
<tr><td>姓名</td><td></td><td>性别</td><td></td><td>身份证
号码</td><td colspan="2"></td></tr>
<tr><td>户籍地</td><td colspan="3"></td><td>执行地</td><td colspan="2"></td></tr>
<tr><td>罪名</td><td></td><td colspan="2">原判刑罚</td><td></td><td>附加刑</td><td></td></tr>
<tr><td>禁止令
内容</td><td colspan="3"></td><td>禁止期限
起止日</td><td colspan="2">自　年　月　日
至　年　月　日</td></tr>
<tr><td>矫正
类别</td><td></td><td>矫正
期限</td><td></td><td>起止日</td><td colspan="2">自　年　月　日
至　年　月　日</td></tr>
<tr><td>事由及依据</td><td colspan="6"></td></tr>
<tr><td>呈报单位
意见</td><td colspan="6">（公章）
年　月　日</td></tr>
<tr><td>县级社区
矫正机构
意见</td><td colspan="6">（公章）
年　月　日</td></tr>
<tr><td>地市社区
矫正机构
审核意见</td><td colspan="6">（公章）
年　月　日</td></tr>
</table>

续表

省级社区矫正机构审核意见	（公章） 年　月　日
备注	

注：此表随建议书一并报送人民法院。

2. 填写范例与制作说明

案例：金某某，男，因犯寻衅滋事罪被人民法院判处有期徒刑一年，缓刑二年。判决生效后，依法实施社区矫正。社区矫正期间，金某某因违反外出管理规定情节较重等被给予两次社区矫正警告后，仍不改正，再次违反外出管理规定，现拟对金某某提请撤销缓刑建议。同时，金某某曾在电话报告时因被给予社区矫正警告扬言要对司法所工作人员实施打击报复，且其曾经对被害人实施过要挟行为，有电话录音等予以证明。现拟对金某某提出撤销缓刑建议，同时提请逮捕。

提请逮捕审核表

姓名	金某某	性别	男	身份证号码	×××××××××××××××××××	
户籍地	××省××市××区××街××小区××号楼×单元×××号			执行地	××省××市××区	
罪名	寻衅滋事罪	原判刑罚		有期徒刑一年	附加刑	无

续表

<table>
<tr><td>禁止令
内容</td><td colspan="3">无</td><td>禁止期限
起止日</td><td>自　年　月　日
至　年　月　日</td></tr>
<tr><td>矫正
类别</td><td>缓刑</td><td>矫正
期限</td><td>二年</td><td>起止日</td><td>自 2020 年 7 月 7 日
至 2022 年 7 月 6 日</td></tr>
<tr><td>事由及依据</td><td colspan="5">××××年××月××日，社区矫正对象金某某在已因违反外出管理规定被给予两次社区矫正警告处罚后，再次违反外出管理规定，符合应当提请撤销缓刑的法定情形。金某某曾在电话报告时因被给予警告处罚扬言要对××司法所工作人员实施打击报复，且其曾经对被害人实施过要挟的行为，现有电话录音等证据材料证明。金某某的行为符合可以提请逮捕的法定情形，根据《中华人民共和国社区矫正法》第四十七条、《中华人民共和国社区矫正法实施办法》第四十八条的规定，拟在对金某某提出撤销缓刑建议的同时，提请对其予以逮捕。</td></tr>
<tr><td>呈报单位
意见</td><td colspan="5">拟同意，报××市××区社区矫正机构审批
××司法所（公章）
××年××月××日</td></tr>
<tr><td>县级社区
矫正机构
意见</td><td colspan="5">同意提请
××市××区社区矫正机构（公章）
××年××月××日</td></tr>
<tr><td>备注</td><td colspan="5"></td></tr>
</table>

注：此表随建议书一并报送人民法院。

制作说明：

（1）本文书根据《中华人民共和国社区矫正法》第二十八条、第四十七条以及“两高两部”《中华人民共和国社区矫正法实施办法》第四十六条、第四十七条、第四十八条的规定制作。

(2) 本文书根据提请撤销缓刑、撤销假释及提请逮捕的情况填写相应内容，相关审批意见栏如不使用，可以在打印时删除。对建议撤销缓刑、撤销假释同时提出逮捕建议的，应单独填写逮捕审核表，相关审批意见栏与撤销缓刑、撤销假释审核表相同。

(3) 文书应当随同卷宗报送人民法院。

(二) 社区矫正对象逮捕建议书样本、范例与制作说明

1. 文书样本

社区矫正对象逮捕建议书

（ ） 字第 号

社区矫正对象________，男（女），____年___月___日出生，___族，身份证号码____________，户籍地________，执行地______。因犯________罪经____________人民法院于____年___月___日判处________。______年___月___日经__________人民法院裁定假释。在缓刑（假释）期间，依法实行社区矫正。社区矫正期限自____年___月___日起至____年___月___日止。

在社区矫正期间，该社区矫正对象有违反法律（行政法规、社区矫正监督管理规定、人民法院禁止令）的行为，被提请撤销缓刑（假释），并具有应予逮捕的情形，具体事实如下：____

____

____。

依据《中华人民共和国社区矫正法》第四十七条之规定，建议对社区矫正对象________予以逮捕。

此致

__________人民法院

（公章）

年　月　日

注：抄送＿＿＿＿＿＿人民检察院。

2. 填写范例与制作说明

案例：金某某，男，因犯寻衅滋事罪被人民法院判处有期徒刑一年，缓刑二年。判决生效后，依法实施社区矫正。社区矫正期间，金某某因违反外出管理规定情节较重等被给予两次社区矫正警告后，仍不改正，再次违反外出管理规定，现拟对金某某提请撤销缓刑建议。同时，金某某曾在电话报告时因被给予社区矫正警告扬言要对司法所工作人员实施打击报复，且其曾经对被害人实施过要挟行为，有电话录音等予以证明。现经社区矫正机构批准，拟向人民法院提出对金某某撤销缓刑建议，同时提请对其予以逮捕建议。

社区矫正对象逮捕建议书

（2020）××矫捕建字第1号

社区矫正对象金某某，男，××××年××月××日出生，汉族，身份证号码××××××××××××××××××，户籍地××省××市××区××街××小区××号楼×单元×××号，执行地××省××市××区。因犯寻衅滋事罪经××区人民法院于××××年××月××日判处有期徒刑一年，缓刑二年。在缓刑期间，依法实行社区矫正。社区矫正期限自2020年7月7日起至2022年7月6日止。

在社区矫正期间，该社区矫正对象有违反法律及社区矫正监督管理规定的行为，被提请撤销缓刑，并具有应予逮捕的情形，具体事实如下：××××年××月××日，社区矫正对象金某某在已因违反外出管理规定被给予两次社区矫正警告处罚后，再次违反外出管理规定，符合应当提请撤销缓刑的法定情形。金某某曾在电话报告时因被给予警告处罚扬言要对司法所工作人员实施打击报复，且其曾经对被害人实施过要挟的行为，有电话录音等予以证明。金某某的行为符合可以提请逮捕的法定情形。

依据《中华人民共和国社区矫正法》第四十七条之规定，建议对社区矫正对象金某某予以逮捕。

此致

××××××××人民法院

××市 ××区社区矫正机构（公章）

××××年××月××日

注：抄送××××人民检察院。

制作说明：

（1）本文书根据《中华人民共和国社区矫正法》第四十七条，“两高两部”《中华人民共和国社区矫正法实施办法》第四十八条的规定制作。用于在提出撤销缓刑、假释建议的同时，提请人民法院决定对其予以逮捕时使用。

（2）文书字号由年度、社区矫正机构代字、类型代字、文书编号组成，使用阿拉伯数字，例“（2020）××矫捕建字第1号”。该建议书一式三份，一份随同撤销缓刑、假释建议及相应证据材料等组卷，一份送原社区矫正决定机关或者执行地社区矫正机关，一份抄送执行地县级人民检察院。

（三）注意与提示

1. 提请逮捕的事实和依据的内容应包括社区矫正对象符合撤销缓刑、撤销假释及符合逮捕条件两个方面。提请同时附相关证明材料。

2. 社区矫正机构提请逮捕的建议适用于被提请撤销缓刑、撤销假释的社区矫正对象具备法定情形时提出。对暂予监外执行社区矫正对象提请收监执行建议时，不适用提出逮捕意见。

三、社区矫正对象逮捕文书应用环节的实体要求

（一）准确理解提请逮捕的法律规定

对被提请撤销缓刑（撤销假释）的社区矫正对象，由社区矫正机构提请逮捕是《中华人民共和国社区矫正法》的新规定。从《中华人民共和国社区矫正法》出台前社区矫正工作试点实践来看，对于被提请撤销缓刑（撤销假释）的社区矫正对象，如何在人民法院作出撤销缓刑（撤销假释）的裁定前防止其逃跑或者产生社会危害性，是长期以来的重难点问题之一。在正式的法律出台前，由于类似部门规章等规范性文件无权规定限制人身自由的强制措施，对于符合撤销缓刑（撤销假释）条件的社区矫正对象，只能在其已经发生逃跑行为后，由人民法院对其裁定撤销缓刑（撤销假释），再由社区矫正机构通知公安机关负责实施追捕。其中，撤销缓刑（撤销假释）裁定书可以作为公安机关网上追逃的依据，公安机关根据案情决定是否实施网上追逃。这种规定存在问题，具有滞后性，属于社区矫正对象逃跑后的补救措施，不能做到事先防止逃跑和及时追逃。同时，实践中也有反映公安机关网上追逃系统在适用撤销缓刑（撤销假释）裁定书作为追逃依据时存在障碍，无法录入系统。并且，这种在社区矫正对象不在案时进行的缺席裁定，在程序上也被质疑缺乏正当性。

基于上述问题，在《中华人民共和国社区矫正法》的立法过程中，考虑对此增加条文予以解决。在充分考虑人民法院职权设置和

社区矫正工作实践的双重需要的情况下，规定了“被提请撤销缓刑、假释的社区矫正对象可能逃跑或者可能发生社会危险的，社区矫正机构可以在提出撤销缓刑、假释建议的同时，提请人民法院决定对其予以逮捕”的内容。逮捕是刑事诉讼法规定的刑事强制措施之一，《中华人民共和国刑事诉讼法》第八十条、第八十一条对刑事诉讼过程中逮捕的适用情形作出了规定。《中华人民共和国社区矫正法》第四十七条只是笼统规定了提请逮捕的情形，但是在《中华人民共和国社区矫正法实施办法》中对此进行了一定的细化，与《中华人民共和国刑事诉讼法》规定的逮捕适用措施略有不同，体现了社区矫正工作中撤销缓刑、假释程序的具体需求。

逮捕措施的加入，解决了撤销缓刑（撤销假释）程序无法合法有效限制社区矫正对象人身自由的问题，解决了公安机关网上追逃系统文书录入的问题（逮捕证可以录入），也能够预防可能被撤销缓刑（撤销假释）的社区矫正对象逃跑，保障撤销缓刑（撤销假释）司法程序的正常进行。

（二）可以提请逮捕的情形

1. 可能逃跑的；

2. 具有危害国家安全、公共安全、社会秩序或者他人人身安全现实危险的；

3. 可能对被害人、举报人、控告人或者社区矫正机构工作人员等实施报复行为的；

4. 可能实施新的犯罪的。

（三）可以认定为可能逃跑的情形

1. 着手准备逃跑，或者有逃跑的意思表示的；

2. 曾经脱离监管，或者处于脱离监管状态的；

3. 曾经以暴力、威胁或者其他手段抗拒抓捕的；

4. 其他企图逃跑的情形。

（四）可以认定为具有现实危险的情形

1. 正在策划、组织或者预备实施危害国家安全、公共安全、社会秩序或者他人人身安全的违法犯罪行为的；

2. 曾因危害国家安全、公共安全、社会秩序或者他人人身安全受到刑事处罚或者行政处罚的；

3. 在危害国家安全、黑恶势力、恐怖活动、毒品犯罪中起组织、策划、指挥作用或者积极参加的；

4. 其他危害国家安全、公共安全、社会秩序或者他人人身安全现实危险的情形。

（五）可以认定为可能实施打击报复行为的情形

1. 扬言或者准备、策划对被害人、举报人、控告人或者社区矫正机构工作人员等实施打击报复的；

2. 曾经对被害人、举报人、控告人或者社区矫正机构工作人员等实施打击、要挟、迫害等行为的；

3. 采取其他方式滋扰被害人、举报人、控告人或者社区矫正机构工作人员等的正常生活、工作的；

4. 其他可能对被害人、举报人、控告人或者社区矫正机构工作人员等实施打击报复的情形。

（六）可以认定为可能实施新的犯罪的情形

1. 正在策划、组织或者预备实施新的犯罪的；

2. 扬言实施新的犯罪的；

3. 以犯罪所得为主要生活来源的；

4. 有吸毒、赌博等恶习的；

5. 其他可能实施新的犯罪的情形。

（七）提请逮捕程序中各部门的职责

被提请撤销缓刑、撤销假释的社区矫正对象，具备提请逮捕条件的，由社区矫正机构在提出撤销缓刑、撤销假释建议书的同时，提请人民法院决定对其予以逮捕。

人民法院应当在四十八小时内作出是否逮捕的决定。

决定逮捕的，由公安机关执行。逮捕后的羁押期限不得超过三十日。

四、社区矫正对象逮捕文书应用环节的程序要求

（一）提请逮捕

被提请撤销缓刑、假释的社区矫正对象可能逃跑或者可能发生社会危险的，社区矫正机构可以在提出撤销缓刑、假释建议的同时，提请人民法院决定对其予以逮捕。提请逮捕程序以提出撤销缓刑、假释的建议程序的启动为前提，是后者的附属程序或辅助程序。同时提请逮捕程序是“可以”提出，不是必须提出，社区矫正机构不是必须在向人民法院提出撤销缓刑、假释的建议时提请法院逮捕，只有符合逮捕适用情形时，才可以提出。因此，提请逮捕并非必经程序，而是具有自由选择的特性。

社区矫正机构提请人民法院决定逮捕社区矫正对象时，应当提供相应证据，移送人民法院审查决定。相应的证据是指能够证明社区矫正对象符合可能逃跑或者可能发生社会危险等相关情形的材料。社区矫正机构提请逮捕的法律文书，应当同时抄送执行地县级人民检察院，便于检察机关对提请逮捕程序进行法律监督。

（二）决定送达

根据《中华人民共和国社区矫正法》的规定，逮捕的决定主体是人民法院，这与刑事诉讼法中人民法院对被告人决定逮捕的规定是相衔接的，也是人民法院的法定职权之一，这与公安机关提请逮捕、检察机关批准逮捕的程序不同。

法律规定人民法院决定是否逮捕的办案期限为四十八小时，这个期限设置相对较短。这是考虑到撤销缓刑、假释程序中面临的情况往往较为紧急，且人民法院审查的主要内容是被提请逮捕社区矫正对象的社会危险性，而不是对案件证据的深入审查，因此时间设置为四十八小时。[①] 笔者也认为该规定是为了凸显该程序的紧急性，以便于社区矫正机构、公安机关控制尚未脱逃的社区矫正对象或者尽快开展追逃工作。

人民法院作出是否逮捕决定的法律文书，应当同时抄送执行地县级人民检察院，以便于检察机关对人民法院逮捕决定及执行的监督。

（三）执行和羁押

人民法院决定逮捕的，由公安机关执行。根据《中华人民共和国刑事诉讼法》的规定，逮捕等强制措施的执行均是由公安机关负责，这里的规定也与其相一致。公安机关应当根据人民法院的逮捕决定，负责抓捕被决定逮捕的社区矫正对象，并送交看守所羁押。社区矫正机构应当在公安机关执行逮捕的过程中给予适当的协助。

逮捕后的羁押期限为三十日，这与《中华人民共和国社区矫正法》第四十八条规定的法院在收到社区矫正机构撤销缓刑、假释建

---

① 参见王爱立、姜爱东主编：《中华人民共和国社区矫正法释义》，中国民主法制出版社 2020 年版。

议书后三十日内作出裁定的规定相衔接。

人民法院裁定不予撤销缓刑、假释的，对被逮捕的社区矫正对象，公安机关应当立即予以释放。

五、社区矫正对象逮捕文书法律依据

《中华人民共和国社区矫正法》

第四十七条 被提请撤销缓刑、假释的社区矫正对象可能逃跑或者可能发生社会危险的，社区矫正机构可以在提出撤销缓刑、假释建议的同时，提请人民法院决定对其予以逮捕。

人民法院应当在四十八小时内作出是否逮捕的决定。决定逮捕的，由公安机关执行。逮捕后的羁押期限不得超过三十日。

第四十八条 人民法院应当在收到社区矫正机构撤销缓刑、假释建议书后三十日内作出裁定，将裁定书送达社区矫正机构和公安机关，并抄送人民检察院。

人民法院拟撤销缓刑、假释的，应当听取社区矫正对象的申辩及其委托的律师的意见。

人民法院裁定撤销缓刑、假释的，公安机关应当及时将社区矫正对象送交监狱或者看守所执行。执行以前被逮捕的，羁押一日折抵刑期一日。

人民法院裁定不予撤销缓刑、假释的，对被逮捕的社区矫正对象，公安机关应当立即予以释放。

《中华人民共和国社区矫正法实施办法》

第四十八条 被提请撤销缓刑、撤销假释的社区矫正对象具备下列情形之一的，社区矫正机构在提出撤销缓刑、撤销假释建议书的同时，提请人民法院决定对其予以逮捕：

（一）可能逃跑的；

（二）具有危害国家安全、公共安全、社会秩序或者他人人身安全现实危险的；

（三）可能对被害人、举报人、控告人或者社区矫正机构工作人员等实施报复行为的；

（四）可能实施新的犯罪的。

社区矫正机构提请人民法院决定逮捕社区矫正对象时，应当提供相应证据，移送人民法院审查决定。

社区矫正机构提请逮捕、人民法院作出是否逮捕决定的法律文书，应当同时抄送执行地县级人民检察院。

第十八章

提请减刑审核表及社区矫正对象减刑建议书

一、社区矫正对象减刑文书的概念及作用

社区矫正对象减刑文书包括提请减刑审核表和社区矫正对象减刑建议书。

提请减刑审核表是社区矫正机构或受委托的司法所认为社区矫正对象符合减刑的法定情形，拟向中级以上人民法院提请时，进行内部逐级审批或审核的表格。表格内容包括社区矫正对象的基本信息、提请的事由及依据、呈报单位意见、县级社区矫正机构意见、地市社区矫正机构审核意见、省级社区矫正机构审核意见等。

社区矫正对象减刑建议书是社区矫正机构对于符合刑法规定的减刑条件的社区矫正对象向社区矫正执行地的中级以上人民法院提出减刑建议的法律文书。该文书的内容包括社区矫正对象的基本身份信息，刑事案件判决情况，社区矫正执行的种类、期限，接受社区矫正期间的表现情况，对社区矫正对象提出减刑建议的法律依据，提出建议的对象机关及该文书的抄送机关等。

二、社区矫正对象减刑相关文书的制作

（一）提请减刑审核表样本、范例与制作说明

1. 文书样本

提请减刑审核表

<table>
<tr><td>姓名</td><td></td><td>性别</td><td></td><td>身份证
号码</td><td colspan="2"></td></tr>
<tr><td>户籍地</td><td colspan="3"></td><td>执行地</td><td colspan="2"></td></tr>
<tr><td>罪名</td><td></td><td colspan="2">原判刑罚</td><td></td><td>附加刑</td><td></td></tr>
<tr><td>禁止令
内容</td><td colspan="3"></td><td>禁止期限
起止日</td><td colspan="2">自　年　月　日
至　年　月　日</td></tr>
<tr><td>矫正
类别</td><td></td><td>矫正
期限</td><td></td><td>起止日</td><td colspan="2">自　年　月　日
至　年　月　日</td></tr>
<tr><td>事由及依据</td><td colspan="6"></td></tr>
<tr><td>呈报单位
意见</td><td colspan="6">（公章）
年　月　日</td></tr>
<tr><td>县级社区
矫正机构
意见</td><td colspan="6">（公章）
年　月　日</td></tr>
<tr><td>地市社区
矫正机构
审核意见</td><td colspan="6">（公章）
年　月　日</td></tr>
</table>

续表

省级社区矫正机构审核意见	（公章） 年 月 日
备注	

注：此表随建议书一并报送人民法院（公安机关、监狱管理机关）。

2. 填写范例与制作说明

案例：谢某某，男，因犯寻衅滋事罪被人民法院判处有期徒刑一年，缓刑二年。社区矫正期间，谢某某能够遵守法律法规及社区矫正监管规定，按时报告，服从监管，并积极参加教育学习和公益活动，表现良好。××××年××月××日，谢某某发现两名儿童坠入河道冰窟后，奋不顾身舍己救人，并第一时间送医治疗，事后收到家长的感谢锦旗，并被有关机关依法认定为见义勇为。现拟对谢某某提请减刑。

提请减刑审核表

<table>
<tr><td>姓名</td><td>谢某某</td><td>性别</td><td>男</td><td>身份证号码</td><td colspan="2">××××××××××
××××××××××</td></tr>
<tr><td>户籍地</td><td colspan="3">××省××市××区××街××小区××号楼×单元×××号</td><td>执行地</td><td colspan="2">××省××市××区</td></tr>
<tr><td>罪名</td><td>寻衅滋事罪</td><td colspan="2">原判刑罚</td><td>有期徒刑一年</td><td>附加刑</td><td>无</td></tr>
<tr><td>禁止令内容</td><td colspan="3">无</td><td>禁止期限起止日</td><td colspan="2">自 年 月 日
至 年 月 日</td></tr>
<tr><td>矫正类别</td><td>缓刑</td><td>矫正期限</td><td>二年</td><td>起止日</td><td colspan="2">自2020年2月6日
至2022年2月5日</td></tr>
</table>

续表

事由及依据	谢某某在社区矫正期间，能够遵守法律法规及社区矫正监督管理规定，按时报告服从监管，并积极参加教育学习和公益活动，表现良好。××××年××月××日，社区矫正对象谢某某在××小区旁的河边散步期间，突然发现两名坠入河道冰窟的儿童，其奋不顾身跳入冰冷的河水中，救起了两名儿童并第一时间将两名儿童送至医院，最终挽救了两名儿童的性命。事后，两名儿童的家长送来了题为“舍己救人的真英雄”的锦旗，感谢谢某某见义勇为的行为。同时，谢某某的行为亦被有关机关依法认定为见义勇为。谢某某舍己救人、见义勇为的行为属于“重大立功表现”，符合应当提请减刑的法定情形，根据《中华人民共和国刑法》第七十八条，《中华人民共和国刑事诉讼法》第二百七十三条，《中华人民共和国社区矫正法》第三十三条，《中华人民共和国社区矫正法实施办法》第四十二条的规定，拟对谢某某提请减刑。
呈报单位意见	拟同意，报××市××区社区矫正机构审批。 ××司法所（公章） ××年××月××日
县级社区矫正机构意见	拟同意，报××市社区矫正机构审批。 ××市××区社区矫正机构（公章） ××年××月××日
地市社区矫正机构审核意见	同意提请。 ××市社区矫正机构（公章） ××年××月××日
备注	

注：此表随建议书一并报送人民法院。

制作说明：

（1）本文书根据《中华人民共和国社区矫正法》第二十八条、第三十三条以及“两高两部”《中华人民共和国社区矫正法实施办法》第四十二条的规定制作。

（2）本文书根据提请减刑情况填写相应内容，相关审批意见栏如不使用，可以在打印时删除。建议依法由中级人民法院裁定减刑的，应当填写“地市社区矫正机构意见”栏。建议依法应由高级人民法院裁定减刑的，应当填写“省级社区矫正机构审核意见”栏。

（3）文书应当随同卷宗报送人民法院、公安机关或者监狱管理局。

（二）社区矫正对象减刑建议书样本、范例与制作说明

1. 文书样式

社区矫正对象减刑建议书

（　　）　　字第　　号

社区矫正对象________，男（女），____年___月___日出生，___族，身份证号码____________，户籍地________，执行地______。因犯________罪经_________________人民法院于____年___月___日判处______。____年___月___日经________人民法院（监狱管理局、公安局）裁定假释（决定、批准暂予监外执行）。在管制（缓刑、假释、暂予监外执行）期间，依法实行社区矫正。社区矫正期限自____年___月___日起至____年___月___日止。

该社区矫正对象接受社区矫正期间有如下表现：________
____
____。

<table><tr><td>
依据《中华人民共和国刑法》第七十八条、《中华人民共和国刑事诉讼法》第二百七十三条、《中华人民共和国社区矫正法》第三十三条之规定，建议对社区矫正对象______予以减刑。
此致
________人民法院

（公章）
年　月　日
注：抄送________人民检察院，________公安（分）局，________监狱。
</td></tr></table>

2. 填写范例与制作说明

案例：谢某某，男，因犯寻衅滋事罪被人民法院判处有期徒刑一年，缓刑二年。社区矫正期间，谢某某能够遵守法律法规及社区矫正监管规定，按时报告，服从监管，并积极参加教育学习和公益活动，表现良好。××××年××月××日，谢某某发现两名儿童坠入河道冰窟后，奋不顾身舍己救人，并第一时间送医治疗，事后收到家长的感谢锦旗，并被有关机关依法认定为见义勇为。现经××市社区矫正机构审批，拟向人民法院提请对谢某某减刑建议。

<table><tr><td>
社区矫正对象减刑建议书
（2020）××矫减建字第1号
社区矫正对象谢某某，男，××××年××月××日出生，汉族，身份证号码××××××××××××××××××，户籍地××省××市××区××街××小区××号楼×单元×××号，执行地××省××市××区。因犯寻衅滋事罪经××人民法院于××××年××月××日判处有期徒刑一年，缓刑二年。在缓刑期间，依法实行社区矫正。社区矫正期限自2020
</td></tr></table>

年2月6日起至2022年2月5日止。

该社区矫正对象接受社区矫正期间有如下表现：社区矫正对象谢某某能够遵守法律法规及社区矫正监督管理规定，按时报告服从监管，并积极参加教育学习和公益活动，表现良好。××××年××月××日，社区矫正对象谢某某在××小区旁的河边散步期间，突然发现两名坠入河道冰窟的儿童，其奋不顾身跳入冰冷的河水中，救起了两名儿童并第一时间送至医院，最终挽救了两名儿童的性命。事后，两名儿童的家长送来了题为"舍己救人的真英雄"的锦旗，感谢谢某某见义勇为的行为。同时，谢某某的行为亦被有关机关依法认定为见义勇为。谢某某舍己救人、见义勇为的行为属于"重大立功表现"，符合应当提请减刑的法定情形。

依据《中华人民共和国刑法》第七十八条、《中华人民共和国刑事诉讼法》第二百七十三条、《中华人民共和国社区矫正法》第三十三条之规定，建议对社区矫正对象谢某某予以减刑。

此致

×××××××××中级人民法院

××市社区矫正机构（公章）

××××年××月××日

注：抄送××××人民检察院，××××公安（分）局。

制作说明：

（1）本文书根据《中华人民共和国刑法》第七十八条、《中华人民共和国刑事诉讼法》第二百七十三条、《中华人民共和国社区矫正法》第三十三条以及"两高两部"《中华人民共和国社区矫正法实施办法》第四十二条的规定制作。

（2）文书字号由年度、社区矫正机构代字、类型代字、文书编号组成，使用阿拉伯数字，例“(2020) ××矫减建字第1号”。文书一式四份，提出减刑建议时，由执行地县级社区矫正机构将一份减刑建议书连同审批表、证明材料等整理组卷，另附一份，逐级上报上级社区矫正机构审核同意后提请执行地同级人民法院，同时抄送执行地同级人民检察院一份、公安机关、罪犯原服刑或者接收其档案的监狱一份。人民法院作出裁定后留存另附的一份，将卷宗退回社区矫正机构。

（三）注意与提示

1. 提请减刑审核表中提请减刑的事实填写，包括对社区矫正对象遵守有关规定、认罪悔罪、服从监督管理、接受教育等情况进行说明，相关考核结果可作为认定其是否具有悔改表现的重要依据。对于有重大立功表现的，要对重大立功表现的情况进行说明。对涉及有财产性判项的社区矫正对象建议减刑的，建议对其财产性判项进行调查后一并予以说明。综合社区矫正对象相关情况后，认为符合减刑条件的依法提请减刑。提请减刑审核同时，需附相关证据材料予以证明。

2. 社区矫正对象减刑建议书中社区矫正期间的表现是对社区矫正对象依法提出减刑建议的重要依据，应对社区矫正对象遵守有关规定、认罪悔罪、服从监督管理、接受教育、社区矫正考核结果、重大立功表现、财产性判项执行等符合减刑条件的相关情况予以明确说明。

三、社区矫正对象减刑文书应用环节的实体要求

（一）社区矫正减刑制度

减刑，是指对原判刑期适当减轻的一种刑罚执行活动。狭义的

减刑，是指依法被判处管制、拘役、有期徒刑、无期徒刑的罪犯在具有法定的减刑情节时，由负责执行刑罚的机关报送材料，人民法院依法予以减轻原判刑罚的刑事司法活动。我国实行宽严相济的刑事政策，体现在刑罚执行领域的代表政策就是减刑，对符合条件的社区矫正对象进行减刑也理所当然包含在减刑制度的框架之中。对社区矫正对象进行减刑，有利于激励社区矫正对象服从监督管理、接受教育矫正，有利于使刑罚功能实现最大化，实现促进社区矫正对象顺利融入社会、预防减少再犯罪的立法目的。

对社区矫正对象予以减刑是社区矫正法对社区矫正试点工作的继承和发展。在2012年“两院两部”《社区矫正实施办法》规定的基础上，完善了对社区矫正对象减刑的实体和程序规定，以立法的形式确定了社区矫正对象减刑制度。

（二）减刑的条件

1. 可以减刑的条件。被判处管制、拘役、有期徒刑、无期徒刑的犯罪分子，在执行期间，如果认真遵守监规，接受教育改造，确有悔改表现的，或者有立功表现的，可以减刑。

2. 应当减刑的条件。有下列重大立功表现之一的，应当减刑：

（1）阻止他人重大犯罪活动的；

（2）检举监狱内外重大犯罪活动，经查证属实的；

（3）有发明创造或者重大技术革新的；

（4）在日常生产、生活中舍己救人的；

（5）在抗御自然灾害或者排除重大事故中，有突出表现的；

（6）对国家和社会有其他重大贡献的。

（三）认定“确有悔改表现”的条件

“确有悔改表现”是指同时具备以下条件：

1. 认罪悔罪；

2. 遵守法律法规及监规，接受教育改造；

3. 积极参加思想、文化、职业技术教育；

4. 积极参加劳动，努力完成劳动任务。

对职务犯罪、破坏金融管理秩序和金融诈骗犯罪、组织（领导、参加、包庇、纵容）黑社会性质组织犯罪等罪犯，不积极退赃、协助追缴赃款赃物、赔偿损失，或者服刑期间利用个人影响力和社会关系等不正当手段意图获得减刑、假释的，不认定其“确有悔改表现”。

罪犯在刑罚执行期间的申诉权利应当依法保护，对其正当申诉不能不加分析地认为是不认罪悔罪。

（四）可以认定有“立功表现”的情形

具有下列情形之一的，可以认定为有“立功表现”：

1. 阻止他人实施犯罪活动的；

2. 检举、揭发监狱内外犯罪活动，或者提供重要的破案线索，经查证属实的；

3. 协助司法机关抓捕其他犯罪嫌疑人的；

4. 在生产、科研中进行技术革新，成绩突出的；

5. 在抗御自然灾害或者排除重大事故中，表现积极的；

6. 对国家和社会有其他较大贡献的。

第4项、第6项中的“技术革新”或者“其他较大贡献”应当由罪犯在刑罚执行期间独立或者为主完成，并经省级主管部门确认。

（五）应当认定有“重大立功表现”的情形

具有下列情形之一的，应当认定为有“重大立功表现”：

1. 阻止他人实施重大犯罪活动的；

2. 检举监狱内外重大犯罪活动，经查证属实的；

3. 协助司法机关抓捕其他重大犯罪嫌疑人的；

4. 有发明创造或者重大技术革新的；

5. 在日常生产、生活中舍己救人的；

6. 在抗御自然灾害或者排除重大事故中，有突出表现的；

7. 对国家和社会有其他重大贡献的。

第 4 项中的“发明创造”或者“重大技术革新”应当是罪犯在刑罚执行期间独立或者为主完成并经国家主管部门确认的发明专利，且不包括实用新型专利和外观设计专利；第 7 项中的“其他重大贡献”应当由罪犯在刑罚执行期间独立或者为主完成，并经国家主管部门确认。

（六）提请减刑程序中各部门的职责

社区矫正对象符合刑法规定的减刑条件的，社区矫正机构应当向社区矫正执行地的中级以上人民法院提出减刑建议，并将减刑建议书抄送同级人民检察院。根据同级衔接原则，提请减刑的主体，应当至少是地市级社区矫正机构或省级社区矫正机构。

人民法院应当在收到社区矫正机构的减刑建议书后三十日内作出裁定，并将裁定书送达社区矫正机构，同时抄送人民检察院、公安机关。

（七）社区矫正对象减刑的特别规定

1. 被判处管制、拘役的罪犯，以及判决生效后剩余刑期不满二年有期徒刑的罪犯，符合减刑条件的，可以酌情减刑，减刑起始时间可以适当缩短，但实际执行的刑期不得少于原判刑期的二分之一。

2. 被判处拘役或者三年以下有期徒刑，并宣告缓刑的罪犯，一般不适用减刑。

前款规定的罪犯在缓刑考验期内有重大立功表现的，可以参照《中华人民共和国刑法》第七十八条的规定予以减刑，同时应当依法缩减其缓刑考验期。缩减后，拘役的缓刑考验期限不得少于二个月，有期徒刑的缓刑考验期限不得少于一年。

四、社区矫正对象减刑文书应用环节的程序要求

（一）提请减刑

社区矫正对象符合刑法规定的减刑条件的，社区矫正机构应当向社区矫正执行地的中级以上人民法院提出减刑建议。所谓刑法规定的减刑条件，是指《中华人民共和国刑法》第七十八条的具体规定。《中华人民共和国刑法》第七十八条规定的减刑条件在监禁刑的执行过程中实践应用较多，相关司法解释以及司法部的规章制度对监狱内罪犯的减刑条件也有相当细化的规定，但是这些规定不能直接套用在社区矫正对象的减刑中。结合《中华人民共和国刑法》《中华人民共和国社区矫正法》和《中华人民共和国社区矫正法实施办法》的规定，判处管制、假释或者暂予监外执行的社区矫正对象（缓刑另有规定），如果认真遵守法律、行政法规，履行判决、裁定、暂予监外执行决定等法律文书确定的义务，遵守国务院司法行政部门关于报告、会客、外出、迁居、保外就医等监督管理规定，服从社区矫正机构的管理，根据社区矫正机构的考核结果认定确有悔改表现的，社区矫正机构可以提出减刑的建议。社区矫正对象有重大立功表现的，应当提出减刑建议。

社区矫正机构、受委托的司法所应当根据社区矫正对象认罪悔罪、遵守有关规定、服从监督管理、接受教育等情况，定期对其考核，考核结果可作为认定其是否具有悔改表现的重要依据。社区矫正对象接受社区矫正期间，有见义勇为、抢险救灾等突出表现，或

者帮助他人、服务社会等突出事迹的，执行地县级社区矫正机构可以给予表扬。对于符合法定减刑条件的，由执行地县级社区矫正机构依照《中华人民共和国社区矫正法实施办法》第四十二条的规定，提出减刑建议。

社区矫正机构向人民法院提出减刑建议应当遵循同级对等原则，根据《最高人民法院关于减刑、假释案件审理程序的规定》（法释〔2014〕5号）的规定，不同刑种的罪犯减刑由不同级别的人民法院管辖，提出建议的社区矫正机构也应当与人民法院的级别相对应。除被判处无期徒刑的暂予监外执行或假释社区矫正对象应当由省级社区矫正机构向社区矫正执行地的高级人民法院提出减刑建议外，对其他社区矫正对象应由地市级社区矫正机构向社区矫正执行地的中级人民法院提出减刑建议。

在工作实践中，一般是由社区矫正执行地的县（区）级社区矫正机构根据社区矫正对象的日常表现或立功表现等提出减刑的意见，同时附带社区矫正对象终审法院裁判文书、执行通知书、历次减刑裁定书复印件、考核奖惩记录、确有悔改表现或者立功、重大立功表现的书面证明材料，逐级上报至地（市）级社区矫正机构审核，由地（市）级社区矫正机构根据职权提请执行地的中级人民法院裁定。其中依法应由高级人民法院裁定的减刑案件，由执行地县级社区矫正机构提出减刑建议书并附相关证据材料，逐级上报省级社区矫正机构审核同意后，由省级社区矫正机构提请执行地的高级人民法院裁定。地（市）级以上社区矫正机构应充分尊重县（区）级社区矫正机构关于减刑的工作意见，严格依法把好审核关，作出是否向人民法院提出减刑建议的决定，并及时向县（区）级社区矫正机构反馈结果。

（二）裁定送达

人民法院应当在收到社区矫正机构的减刑建议书后三十日内作

出裁定，并将裁定书送达社区矫正机构，同时抄送人民检察院、公安机关。根据刑法、刑事诉讼法以及相关司法解释的规定，人民法院审理减刑案件，应当依法由审判员或者由审判员和人民陪审员组成合议庭进行，除应当审查罪犯在执行期间的一贯表现外，还应当综合考虑犯罪的具体情节、原判刑罚情况、财产刑执行情况、附带民事裁判履行情况、罪犯退赃退赔等情况。人民法院审理减刑案件，可以采取开庭审理或者书面审理的方式。人民法院经过审理，认为被报请减刑罪犯符合法律规定的减刑条件的，作出予以减刑的裁定；认为被报请减刑的罪犯符合法律规定的减刑条件，但执行机关报请的减刑幅度不适当的，对减刑幅度作出相应调整后作出予以减刑的裁定；认为被报请减刑的罪犯不符合法律规定的减刑条件的，作出不予减刑的裁定。

需要注意的是，人民法院审理社区矫正对象减刑的期限是固定期限，不得以案情复杂或者情况特殊等为由延长审理期限。这一点与《最高人民法院关于减刑、假释案件审理程序的规定》（法释〔2014〕5号）第一条的规定略有不同，注意区分。

（三）检察监督

社区矫正对象符合刑法规定的减刑条件的，社区矫正机构应当向社区矫正执行地的中级以上人民法院提出减刑建议，并将减刑建议书抄送同级人民检察院。人民法院应当在收到社区矫正机构的减刑建议书后三十日内作出裁定，并将裁定书送达社区矫正机构，同时抄送人民检察院、公安机关。根据《中华人民共和国社区矫正法》的规定，无论是社区矫正机构提出减刑建议（提请减刑），还是人民法院的审理和裁定减刑，相关文书均需要抄送人民检察院，接受法律监督。对于社区矫正机构的提请减刑，根据《人民检察院刑事诉讼规则》《人民检察院办理减刑、假释案件规定》的相关规定，人民检察院在收到执行机关（社区矫正机构）抄送的减刑建议书副本后，应当逐案进行审查，发现减刑建议不当或者提请减刑违反法定程序的，应当在十日以内向审理减刑案件的人民法院提出书面检察意见，同时也可以向执行机关（社区矫正机构）提出书面纠正意见。案情复杂或者情况特殊的，可以延长十日。对于人民法院裁定减刑，人民法院开庭审理减刑案件的，人民检察院应当指派检察人员出席法庭，发表意见。人民检察院经审查认为人民法院减刑的裁定不当，应当在收到裁定书副本后二十日以内，向作出减刑裁定的人民法院提出纠正意见。人民法院应当在收到纠正意见后另行组成合议庭审理，并在一个月内作出裁定。人民检察院对人民法院减刑的裁定提出纠正意见后，应当监督人民法院是否在收到纠正意见后一个月以内重新组成合议庭进行审理，并监督重新作出的裁定是否符合法律规定，对最终裁定不符合法律规定的，应当向同级人民法院提出纠正意见。

五、社区矫正对象减刑文书法律依据

《中华人民共和国刑法》

第七十八条 被判处管制、拘役、有期徒刑、无期徒刑的犯罪分子，在执行期间，如果认真遵守监规，接受教育改造，确有悔改表现的，或者有立功表现的，可以减刑；有下列重大立功表现之一的，应当减刑：

（一）阻止他人重大犯罪活动的；

（二）检举监狱内外重大犯罪活动，经查证属实的；

（三）有发明创造或者重大技术革新的；

（四）在日常生产、生活中舍己救人的；

（五）在抗御自然灾害或者排除重大事故中，有突出表现的；

（六）对国家和社会有其他重大贡献的。

减刑以后实际执行的刑期不能少于下列期限：

（一）判处管制、拘役、有期徒刑的，不能少于原判刑期的二分之一；

（二）判处无期徒刑的，不能少于十三年；

（三）人民法院依照本法第五十条第二款规定限制减刑的死刑缓期执行的犯罪分子，缓期执行期满后依法减为无期徒刑的，不能少于二十五年，缓期执行期满后依法减为二十五年有期徒刑的，不能少于二十年。

第七十九条 对于犯罪分子的减刑，由执行机关向中级以上人民法院提出减刑建议书。人民法院应当组成合议庭进行审理，对确有悔改或者立功事实的，裁定予以减刑。非经法定程序不得减刑。

《中华人民共和国刑事诉讼法》

第二百七十三条 罪犯在服刑期间又犯罪的，或者发现了判决的时候所没有发现的罪行，由执行机关移送人民检察院处理。

被判处管制、拘役、有期徒刑或者无期徒刑的罪犯，在执行期间确有悔改或者立功表现，应当依法予以减刑、假释的时候，由执行机关提出建议书，报请人民法院审核裁定，并将建议书副本抄送人民检察院。人民检察院可以向人民法院提出书面意见。

第二百七十四条 人民检察院认为人民法院减刑、假释的裁定不当，应当在收到裁定书副本后二十日以内，向人民法院提出书面纠正意见。人民法院应当在收到纠正意见后一个月以内重新组成合议庭进行审理，作出最终裁定。

《中华人民共和国社区矫正法》

第三十三条 社区矫正对象符合刑法规定的减刑条件的，社区矫正机构应当向社区矫正执行地的中级以上人民法院提出减刑建议，并将减刑建议书抄送同级人民检察院。

人民法院应当在收到社区矫正机构的减刑建议书后三十日内作

出裁定，并将裁定书送达社区矫正机构，同时抄送人民检察院、公安机关。

《中华人民共和国社区矫正法实施办法》

第三十三条 社区矫正对象认罪悔罪、遵守法律法规、服从监督管理、接受教育表现突出的，应当给予表扬。

社区矫正对象接受社区矫正六个月以上并且同时符合下列条件的，执行地县级社区矫正机构可以给予表扬：

（一）服从人民法院判决，认罪悔罪；

（二）遵守法律法规；

（三）遵守关于报告、会客、外出、迁居等规定，服从社区矫正机构的管理；

（四）积极参加教育学习等活动，接受教育矫正的。

社区矫正对象接受社区矫正期间，有见义勇为、抢险救灾等突出表现，或者帮助他人、服务社会等突出事迹的，执行地县级社区矫正机构可以给予表扬。对于符合法定减刑条件的，由执行地县级社区矫正机构依照本办法第四十二条的规定，提出减刑建议。

第四十二条 社区矫正对象符合法定减刑条件的，由执行地县级社区矫正机构提出减刑建议书并附相关证据材料，报经地（市）社区矫正机构审核同意后，由地（市）社区矫正机构提请执行地的中级人民法院裁定。

依法应由高级人民法院裁定的减刑案件，由执行地县级社区矫正机构提出减刑建议书并附相关证据材料，逐级上报省级社区矫正机构审核同意后，由省级社区矫正机构提请执行地的高级人民法院裁定。

人民法院应当自收到减刑建议书和相关证据材料之日起三十日内依法裁定。

社区矫正机构减刑建议书和人民法院减刑裁定书副本，应当同时抄送社区矫正执行地同级人民检察院、公安机关及罪犯原服刑或者接收其档案的监狱。

《最高人民法院关于减刑、假释案件审理程序的规定》（法释〔2014〕5号）

第二条 人民法院受理减刑、假释案件，应当审查执行机关移送的下列材料：

（一）减刑或者假释建议书；

（二）终审法院裁判文书、执行通知书、历次减刑裁定书的复印件；

（三）罪犯确有悔改或者立功、重大立功表现的具体事实的书面证明材料；

（四）罪犯评审鉴定表、奖惩审批表等；

（五）其他根据案件审理需要应予移送的材料。

报请假释的，应当附有社区矫正机构或者基层组织关于罪犯假释后对所居住社区影响的调查评估报告。

人民检察院对报请减刑、假释案件提出检察意见的，执行机关应当一并移送受理减刑、假释案件的人民法院。

经审查，材料齐备的，应当立案；材料不齐的，应当通知执行机关在三日内补送，逾期未补送的，不予立案。

第四条 人民法院审理减刑、假释案件，应当依法由审判员或者由审判员和人民陪审员组成合议庭进行。

第五条 人民法院审理减刑、假释案件，除应当审查罪犯在执行期间的一贯表现外，还应当综合考虑犯罪的具体情节、原判刑罚情况、财产刑执行情况、附带民事裁判履行情况、罪犯退赃退赔等情况。

人民法院审理假释案件，除应当审查第一款所列情形外，还应当综合考虑罪犯的年龄、身体状况、性格特征、假释后生活来源以及监管条件等影响再犯罪的因素。

执行机关以罪犯有立功表现或重大立功表现为由提出减刑的，应当审查立功或重大立功表现是否属实。涉及发明创造、技术革新或者其他贡献的，应当审查该成果是否系罪犯在执行期间独立完成，并经有关主管机关确认。

第六条 人民法院审理减刑、假释案件，可以采取开庭审理或者书面审理的方式。但下列减刑、假释案件，应当开庭审理：

（一）因罪犯有重大立功表现报请减刑的；

（二）报请减刑的起始时间、间隔时间或者减刑幅度不符合司法解释一般规定的；

（三）公示期间收到不同意见的；

（四）人民检察院有异议的；

（五）被报请减刑、假释罪犯系职务犯罪罪犯，组织（领导、参加、包庇、纵容）黑社会性质组织犯罪罪犯，破坏金融管理秩序和金融诈骗犯罪罪犯及其他在社会上有重大影响或社会关注度高的；

（六）人民法院认为其他应当开庭审理的。

第十六条 人民法院审理减刑、假释案件，应当按照下列情形分别处理：

（一）被报请减刑、假释罪犯符合法律规定的减刑、假释条件的，作出予以减刑、假释的裁定；

（二）被报请减刑的罪犯符合法律规定的减刑条件，但执行机关报请的减刑幅度不适当的，对减刑幅度作出相应调整后作出予以减刑的裁定；

（三）被报请减刑、假释罪犯不符合法律规定的减刑、假释条件的，作出不予减刑、假释的裁定。

在人民法院作出减刑、假释裁定前，执行机关书面申请撤回减刑、假释建议的，是否准许，由人民法院决定。

第二十条 人民检察院认为人民法院减刑、假释裁定不当，在法定期限内提出书面纠正意见的，人民法院应当在收到纠正意见后另行组成合议庭审理，并在一个月内作出裁定。

第二十一条 人民法院发现本院已经生效的减刑、假释裁定确有错误的，应当依法重新组成合议庭进行审理并作出裁定；上级人民法院发现下级人民法院已经生效的减刑、假释裁定确有错误的，应当指令下级人民法院另行组成合议庭审理，也可以自行依法组成合议庭进行审理并作出裁定。

《最高人民法院关于办理减刑、假释案件具体应用法律的规定》（法释〔2016〕23号）

第二条 对于罪犯符合刑法第七十八条第一款规定“可以减刑”条件的案件，在办理时应当综合考察罪犯犯罪的性质和具体情节、社会危害程度、原判刑罚及生效裁判中财产性判项的履行情况、交付执行后的一贯表现等因素。

第三条 “确有悔改表现”是指同时具备以下条件：

（一）认罪悔罪；

（二）遵守法律法规及监规，接受教育改造；

（三）积极参加思想、文化、职业技术教育；

（四）积极参加劳动，努力完成劳动任务。

对职务犯罪、破坏金融管理秩序和金融诈骗犯罪、组织（领导、参加、包庇、纵容）黑社会性质组织犯罪等罪犯，不积极退赃、协助追缴赃款赃物、赔偿损失，或者服刑期间利用个人影响力和社会关系等不正当手段意图获得减刑、假释的，不认定其“确有悔改表现”。

罪犯在刑罚执行期间的申诉权利应当依法保护，对其正当申诉不能不加分析地认为是不认罪悔罪。

第四条 具有下列情形之一的，可以认定为有“立功表现”：

（一）阻止他人实施犯罪活动的；

（二）检举、揭发监狱内外犯罪活动，或者提供重要的破案线索，经查证属实的；

（三）协助司法机关抓捕其他犯罪嫌疑人的；

（四）在生产、科研中进行技术革新，成绩突出的；

（五）在抗御自然灾害或者排除重大事故中，表现积极的；

（六）对国家和社会有其他较大贡献的。

第（四）项、第（六）项中的技术革新或者其他较大贡献应当由罪犯在刑罚执行期间独立或者为主完成，并经省级主管部门确认。

第五条 具有下列情形之一的，应当认定为有“重大立功表现”：

（一）阻止他人实施重大犯罪活动的；

（二）检举监狱内外重大犯罪活动，经查证属实的；

（三）协助司法机关抓捕其他重大犯罪嫌疑人的；

（四）有发明创造或者重大技术革新的；

（五）在日常生产、生活中舍己救人的；

（六）在抗御自然灾害或者排除重大事故中，有突出表现的；

（七）对国家和社会有其他重大贡献的。

第（四）项中的发明创造或者重大技术革新应当是罪犯在刑罚执行期间独立或者为主完成并经国家主管部门确认的发明专利，且不包括实用新型专利和外观设计专利；第（七）项中的其他重大贡献应当由罪犯在刑罚执行期间独立或者为主完成，并经国家主管部门确认。

第十六条 被判处管制、拘役的罪犯，以及判决生效后剩余刑期不满二年有期徒刑的罪犯，符合减刑条件的，可以酌情减刑，减刑起始时间可以适当缩短，但实际执行的刑期不得少于原判刑期的二分之一。

第十八条 被判处拘役或者三年以下有期徒刑，并宣告缓刑的罪犯，一般不适用减刑。

前款规定的罪犯在缓刑考验期内有重大立功表现的，可以参照刑法第七十八条的规定予以减刑，同时应当依法缩减其缓刑考验期。缩减后，拘役的缓刑考验期限不得少于二个月，有期徒刑的缓刑考验期限不得少于一年。

《人民检察院刑事诉讼规则》（高检发释字〔2019〕4号）

第六百三十五条 人民检察院收到执行机关抄送的减刑、假释建议书副本后，应当逐案进行审查。发现减刑、假释建议不当或者提请减刑、假释违反法定程序的，应当在十日以内报经检察长批准，向审理减刑、假释案件的人民法院提出书面检察意见，同时也可以向执行机关提出书面纠正意见。案情复杂或者情况特殊的，可以延长十日。

第六百三十六条 人民检察院发现监狱等执行机关提请人民法院裁定减刑、假释的活动具有下列情形之一的，应当依法提出纠正意见：

（一）将不符合减刑、假释法定条件的罪犯，提请人民法院裁定减刑、假释的；

（二）对依法应当减刑、假释的罪犯，不提请人民法院裁定减刑、假释的；

（三）提请对罪犯减刑、假释违反法定程序，或者没有完备的合法手续的；

（四）提请对罪犯减刑的减刑幅度、起始时间、间隔时间或者减刑后又假释的间隔时间不符合有关规定的；

（五）被提请减刑、假释的罪犯被减刑后实际执行的刑期或者假释考验期不符合有关法律规定的；

（六）其他违法情形。

第六百三十七条 人民法院开庭审理减刑、假释案件，人民检察院应当指派检察人员出席法庭，发表意见。

第六百三十九条 人民检察院经审查认为人民法院减刑、假释的裁定不当，应当在收到裁定书副本后二十日以内，向作出减刑、假释裁定的人民法院提出纠正意见。

第六百四十条 对人民法院减刑、假释裁定的纠正意见，由作出减刑、假释裁定的人民法院的同级人民检察院书面提出。

下级人民检察院发现人民法院减刑、假释裁定不当的，应当向作出减刑、假释裁定的人民法院的同级人民检察院报告。

第六百四十一条 人民检察院对人民法院减刑、假释的裁定提出纠正意见后，应当监督人民法院是否在收到纠正意见后一个月以内重新组成合议庭进行审理，并监督重新作出的裁定是否符合法律规定。对最终裁定不符合法律规定的，应当向同级人民法院提出纠正意见。

第十九章

社区矫正期满鉴定表

一、社区矫正期满鉴定表的概念及作用

社区矫正期满鉴定表是社区矫正对象矫正期满或者被赦免的，社区矫正机构、司法所根据其在接受社区矫正期间的表现等情况作出书面鉴定所使用的表格。该表格内容包括社区矫正对象的个人基本信息、原判相关信息，社区矫正的种类、期限，禁止令、附加刑判项内容，受委托的司法所意见，社区矫正机构对社区矫正对象的鉴定意见等。

社区矫正期满鉴定是社区矫正解除程序的重要环节，是社区矫正机构对社区矫正对象在社区矫正执行期间的表现进行的书面鉴定，是对社区矫正对象接受社区矫正情况的官方评价和认定。其意义在于对每一名即将解除社区矫正的社区矫正对象的情况进行最后总结，使得每一名社区矫正对象的矫正情况有记录可查。

二、社区矫正期满鉴定表的文书制作

（一）文书样本

社区矫正期满鉴定表

<table>
<tr><td>姓名</td><td></td><td>性别</td><td></td><td>出生年月</td><td></td></tr>
<tr><td>户籍地</td><td></td><td colspan="2">执行地</td><td colspan="2"></td></tr>
<tr><td>罪名</td><td></td><td colspan="2">原判刑期</td><td colspan="2"></td></tr>
<tr><td>矫正类别</td><td></td><td>矫正
期限</td><td></td><td>起止日</td><td>自　年　月　日
至　年　月　日</td></tr>
<tr><td>禁止令
内容</td><td></td><td colspan="2">禁止期限
起止日</td><td colspan="2">自　年　月　日
至　年　月　日</td></tr>
<tr><td>附加刑判
项内容</td><td colspan="5"></td></tr>
<tr><td>受委托的
司法所意见</td><td colspan="5">（公章）
年　月　日</td></tr>
<tr><td>社区矫正
机构鉴定
意见</td><td colspan="5">（公章）
年　月　日</td></tr>
<tr><td>备注</td><td colspan="5"></td></tr>
</table>

（二）填写范例与制作说明

案例：牛某某，男，因犯故意伤害罪被人民法院判处有期徒刑一年，缓刑二年。判决生效后，依法实施社区矫正。牛某某社区矫正期限即将届满，牛某某作出了个人总结，社区矫正机构根据牛某某在社区矫正期间的表现等情况作出社区矫正期满鉴定。

社区矫正期满鉴定表

<table>
<tr><td>姓名</td><td>牛某某</td><td>性别</td><td>男</td><td>出生年月</td><td>××年××月</td></tr>
<tr><td>户籍地</td><td>××省××市××区××街××小区××号楼×单元×××号</td><td colspan="2">执行地</td><td colspan="2">××省××市××区</td></tr>
<tr><td>罪名</td><td>故意伤害罪</td><td colspan="2">原判刑期</td><td colspan="2">有期徒刑一年</td></tr>
<tr><td>矫正类别</td><td>缓刑</td><td>矫正期限</td><td>二年</td><td>起止日</td><td>自 2018 年 11 月 20 日至 2020 年 11 月 19 日</td></tr>
<tr><td>禁止令内容</td><td>无</td><td colspan="2">禁止期限起止日</td><td colspan="2">自　年　月　日
至　年　月　日</td></tr>
<tr><td>附加刑判项内容</td><td colspan="5">无</td></tr>
<tr><td>受委托的司法所意见</td><td colspan="5">牛某某在社区矫正期间，能够自觉接受司法所日常管理，遵守各项规章制度规定，积极参加组织的教育学习和公益活动，主动上报矫正小结和个人书面总结，其表现获得了矫正小组成员的一致认可，建议对其考核评定为良好等次。
××司法所（公章）
××年××月××日</td></tr>
</table>

续表

社区矫正机构鉴定意见	牛某某在报到时即能认罪认罚，态度良好；其在矫正期间，能够自觉接受社区矫正机构及司法所的各项监督管理规定，无惩罚记录；能够积极参加各类教育学习及公益活动，有强烈的回归社会的意愿并能够付诸实际行动；根据司法所及矫正小组成员意见，结合其个人总结情况及现实表现，经综合鉴定，其考核评定为良好等次。 ××市××区社区矫正机构（公章） ××年××月××日
备注	

制作说明：

本文书根据《中华人民共和国社区矫正法》第四十四条以及“两高两部”《中华人民共和国社区矫正法实施办法》第五十三条的规定制作。由执行地县级社区矫正机构、受委托的司法所根据其在接受社区矫正期间的表现等情况作出书面鉴定并存档。

（三）注意与提示

1. 社区矫正期间应严格按照执行通知书认定的期限执行。

2. 鉴定意见一般应当包含社区矫正对象在矫正期间是否认罪悔罪，是否遵守法律法规及矫正监督管理规定、接受服从监督管理、参加教育学习和公益活动等，有无违法违纪行为发生，是否受到训诫、警告、治安管理处罚等惩罚内容。还可根据情况提出安置帮教建议。

三、社区矫正期满鉴定表应用环节的实体要求

社区矫正期满鉴定表表格内容中包含了“受委托的司法所意见”及“社区矫正机构鉴定意见”两个方面的重要内容。

提出“意见”的主体是受委托的司法所，其代表了司法所对即将解除社区矫正的社区矫正对象的评价，其实质目的是为社区矫正机构对社区矫正对象作出准确评价提供重要的参考依据。虽然法律没有明确要求必须由受委托的司法所提出意见，但是实践中应当充分考虑司法所在日常监管中扮演的重要角色，尽可能让受委托的司法所提出意见，一方面可以为司法所的日常监管工作划下总结性句号，另一方面也能够为社区矫正机构提供综合评价的依据。

作出“鉴定意见”的主体是社区矫正机构，其代表了社区矫正机构对即将解除社区矫正的社区矫正对象的综合性评价，其实质类似于一种“证人证言”，是对社区矫正对象矫正期间整体表现的官方证明。实践中，社区矫正机构应当充分征求受委托司法所以及矫正小组成员的意见，根据社区矫正对象的考核奖惩记录及其个人总结，结合监督管理和教育帮扶工作情况，经综合分析作出具体鉴定意见。

四、社区矫正期满鉴定表应用环节的程序要求

（一）作出个人总结

1. 司法所、社区矫正机构应当提前告知社区矫正对象作出个人总结。

2. 社区矫正对象应当在社区矫正期满三十日前作出个人总结，该个人总结应当为书面个人总结，个人总结落款应当由本人手写签名（或捺手印）。

3. 社区矫正对象确因特殊情况无法亲自作出个人书面总结的，可以以本人口述、他人代书的方式作出书面个人总结，但应当由本人签名（或捺手印）。

（二）提出意见

1. 司法所应当结合日常管理情况，根据社区矫正对象个人总结，综合矫正小组成员的意见，对社区矫正对象在社区矫正期间的表现提出意见。

2. 司法所应当填写社区矫正期满鉴定表，并上报社区矫正机构。

（三）作出鉴定意见

1. 社区矫正机构对矫正期限届满的社区矫正对象，应当核实其社区矫正期间是否具有应当撤销缓刑、撤销假释或者暂予监外执行收监执行等情形。

2. 对没有应当撤销缓刑、撤销假释或者暂予监外执行收监执行等情形且矫正期限届满的社区矫正对象，社区矫正机构应当依法办理解除矫正手续。

3. 社区矫正机构应当根据司法所提出的意见，结合社区矫正对象的考核奖惩记录和个人总结，充分考虑监督管理和教育帮扶工作开展情况，综合评估该社区矫正对象的表现，作出符合事实、符合法律的鉴定意见。

4. 鉴定意见一般应当包含社区矫正对象在接受社区矫正期间是否认罪悔罪，是否遵守法律法规、相关规范性文件以及各项社区矫正管理制度，是否接受和服从社区矫正机构的管理，是否积极参加教育学习、公益活动等，有无违法违纪行为发生，是否受到训诫、警告、治安管理处罚等惩罚内容。一般还可根据该社区矫正对象的具体情况提出安置帮教建议。

（四）暂予监外执行社区矫正对象刑期届满前的衔接工作

暂予监外执行刑期届满的，社区矫正机构应当按照社区矫正相关规定，在其刑期届满当日办理解除矫正手续，并书面通知社区矫正决定机关，同时抄送执行地的区级人民检察院和公安机关。由监狱管理机关或者公安机关批准暂予监外执行的，社区矫正机构应当在罪犯刑期届满前一个月，书面通知罪犯原服刑或者接收其档案的监狱、看守所按期办理刑满释放手续。

五、社区矫正期满鉴定表法律依据

《中华人民共和国社区矫正法》

第四十四条 社区矫正对象矫正期满或者被赦免的，社区矫正机构应当向社区矫正对象发放解除社区矫正证明书，并通知社区矫正决定机关、所在地的人民检察院、公安机关。

《中华人民共和国社区矫正法实施办法》

第五十三条 社区矫正对象矫正期限届满，且在社区矫正期间没有应当撤销缓刑、撤销假释或者暂予监外执行收监执行情形的，社区矫正机构依法办理解除矫正手续。

社区矫正对象一般应当在社区矫正期满三十日前，作出个人总结，执行地县级社区矫正机构应当根据其在接受社区矫正期间的表现等情况作出书面鉴定，与安置帮教工作部门做好衔接工作。

执行地县级社区矫正机构应当向社区矫正对象发放解除社区矫正证明书，并书面通知社区矫正决定机关，同时抄送执行地县级人民检察院和公安机关。

公安机关、监狱管理机关决定暂予监外执行的社区矫正对象刑期届满的，由看守所、监狱依法为其办理刑满释放手续。

社区矫正对象被赦免的，社区矫正机构应当向社区矫正对象发放解除社区矫正证明书，依法办理解除矫正手续。

第二十章

解除社区矫正宣告书及解除社区矫正证明书

一、解除社区矫正相关文书的概念及作用

解除社区矫正文书包括解除社区矫正宣告书和解除社区矫正证明书。

解除社区矫正宣告书是社区矫正对象矫正期满，社区矫正机构或者受委托的司法所向社区矫正对象宣布并告知解除社区矫正的结果及鉴定意见时所使用的法律文书。该文书内容包括：对某社区矫正对象实行社区矫正所依据的法律规定、裁判文书、矫正期限等基本信息；矫正期满，依法解除社区矫正的核心宣告内容；接受社区矫正期间表现的鉴定意见；针对不同矫正类型的不同宣告内容（其中包括管制期满，依法解除管制；缓刑考验期满，原判刑罚不再执行；假释考验期满，原判刑罚执行完毕）。

解除社区矫正证明书是社区矫正对象矫正期满或者被赦免的，社区矫正机构向社区矫正对象发放的证明社区矫正被依法解除的法律文书。该文书的内容包括社区矫正对象的个人基本信息、罪名和所判处的刑罚情况，社区矫正的类型和社区矫正所依据的裁判文书情况，以及于某年某月某日矫正期满依法解除社区矫正的证明情况，最后加盖社区矫正机构的公章。

二、解除社区矫正相关文书的制作

（一）解除社区矫正宣告书样本、范例与制作说明

1. 文书样本

<table><tr><td>

解除社区矫正宣告书

社区矫正对象________：

依据《中华人民共和国刑法》《中华人民共和国刑事诉讼法》及《中华人民共和国社区矫正法》之规定，依据________人民法院（公安局、监狱管理局）_______________号判决书（裁定书、决定书），在管制（缓刑、假释、暂予监外执行）期间，对你依法实行社区矫正。矫正期限自____年___月___日起至____年___月___日止。现矫正期满，依法解除社区矫正。现向你宣告以下事项：

1. 对你接受社区矫正期间表现的鉴定意见：____。

2. 管制期满，依法解除管制（缓刑考验期满，原判刑罚不再执行；假释考验期满，原判刑罚执行完毕）。

（公章）

年　月　日

社区矫正对象（签名）：

</td></tr></table>

2. 填写范例与制作说明

案例： 李某某被人民法院宣告缓刑后，依法交付至社区矫正机构实施社区矫正。现李某某社区矫正期满，没有撤销缓刑等情形，现依法解除社区矫正。

解除社区矫正宣告书

社区矫正对象李某某：

依据《中华人民共和国刑法》《中华人民共和国刑事诉讼法》及《中华人民共和国社区矫正法》之规定，依据××人民法院××号判决书，在缓刑期间，对你依法实行社区矫正。矫正期限自××××年××月××日起至××××年××月××日止。现矫正期满，依法解除社区矫正。现向你宣告以下事项：

1. 对你接受社区矫正期间表现的鉴定意见：李某某在报到时即能认罪认罚，态度良好；其在社区矫正期间，能够自觉接受社区矫正机构及司法所的监督管理，遵守各项规章制度规定，无惩罚记录；能够积极参加各类教育学习及公益活动，有强烈的回归社会的意愿并能够付诸实际行动；根据司法所及矫正小组成员意见，结合你的个人总结情况及现实表现，经综合鉴定，对你考核评定为良好等次。

2. 缓刑考验期满，原判刑罚不再执行。

××市××区社区矫正机构（公章）

××××年××月××日

社区矫正对象（签名）：李某某

制作说明：

(1) 本文书根据《中华人民共和国刑法》第四十条、第七十六条、第八十五条，《中华人民共和国社区矫正法》第四十四条以及“两高两部”《中华人民共和国社区矫正法实施办法》第五十四条的规定制作。

(2) 文书最后一项，应针对社区矫正对象矫正类别的不同，相应填写：①对判处管制的，填写管制期满，解除管制。②对宣告缓刑的，填写缓刑考验期满，原判刑罚不再执行。③对假释的，填写假释考验期满，原判刑罚执行完毕。文书由执行地县级社区矫正机构存档。

（二）解除社区矫正证明书样本、范例与制作说明

1. 文书样本

解除社区矫正证明书

（存根）

（　　）　　字第　　号

社区矫正对象________，男（女），____年___月___日出生，___族，身份证号码____________，居住地____________，户籍地__________。因犯____________罪于____年___月___日被__________人民法院判处____________。依据________人民法院（公安局、监狱管理局）______号判决书（裁定书、决定书），在管制（缓刑、假释、暂予监外执行）期间，依法实行社区矫正。于____年___月___日矫正期满，依法解除社区矫正。

发往________人民法院（公安局、监狱管理局）。

（公章）

年　月　日

注：抄送______人民检察院、______公安（分）局。

解除社区矫正证明书

（　　）　　字第　　号

社区矫正对象________，男（女），____年___月___日出生，____族，身份证号码____________，居住地________，户籍地__________。因犯_______________罪于____年___月___日

被____________人民法院判处__________。依据_______人民法院（公安局、监狱管理局）_________号判决书（裁定书、决定书），在管制（缓刑、假释、暂予监外执行）期间，依法实行社区矫正。于____年___月___日矫正期满，依法解除社区矫正。

特此证明。

（公章）

年　月　日

2. 填写范例与制作说明

案例：李某某被人民法院宣告缓刑后，依法交付至社区矫正机构实施社区矫正。现李某某社区矫正期满，没有撤销缓刑等情形，现社区矫正机构依法对李某某解除社区矫正，并发放解除社区矫正证明书。

解除社区矫正证明书

（存根）

（2020）××矫解证字第1号

社区矫正对象李某某，男，××××年××月××日出生，汉族，身份证号码××××××××××××××××××，居住地××省××市××区××街××小区××号楼×单元×××号，户籍地××省××市××区××街××小区××号楼×单元×××号。因犯故意伤害罪于××××年××月××日被××人民法院判处有期徒刑一年，缓刑二年。依据××人民法院××号判决书，在缓刑期间，依法实行社区矫正。于××××年××月××日矫正期满，依法解除社区矫正。

发往××××人民法院。

××市××区社区矫正机构（公章）

××××年××月××日

注：抄送××××人民检察院、××××公安（分）局。

解除社区矫正证明书

（2020）××矫解证字第1号

社区矫正对象李某某，男，××××年××月××日出生，汉族，身份证号码××××××××××××××××××，居住地××省××市××区××街××小区××号楼×单元×××号，户籍地××省××市××区××街××小区××号楼×单元×××号。因犯故意伤害罪于××××年××月××日被××人民法院判处有期徒刑一年，缓刑二年。依据××人民法院××号判决书，在缓刑期间，依法实行社区矫正。于××××年××月××日矫正期满，依法解除社区矫正。

特此证明。

××市××区社区矫正机构（公章）

××××年××月××日

制作说明

（1）本文书根据《中华人民共和国社区矫正法》第四十四条以及“两高两部”《中华人民共和国社区矫正法实施办法》第五十三条的规定制作。

（2）文书字号由年度、社区矫正机构代字、类型代字、文书编号组成，使用阿拉伯数字，例“（2020）××矫解证字第1号”。该证明书一式两份，一份存档，一份在解除社区矫正宣告后发放给社区矫正对象。

（三）注意与提示

1. 解除宣告应按照刑法、社区矫正法的有关规定进行。

2. 社区矫正期限届满的认定应按照社区矫正决定机关出具的执行通知文书确定的执行期限进行填写。

3. 对未成年社区矫正对象解除矫正宣告，应当采取不公开进行的方式，并通知其监护人到场。

4. 解除宣告后，应由社区矫正对象签字确认后，社区矫正机构归档留存。

5. 监狱管理机关、公安机关决定暂予监外执行社区矫正对象刑期届满的，社区矫正机构在期满前一个月，应当书面通知其原服刑或者接收、存放其档案的监狱、看守所，由监狱、看守所为其办理刑满释放手续。

6. 对于社区矫正对象在被采取刑事强制措施或被提请撤销缓刑、撤销假释、收监执行期间矫正期满的，如果相关部门已作出撤销缓刑、撤销假释或者收监执行决定的，应当按照《中华人民共和国社区矫正法》第四十五条的规定，终止社区矫正。如果相关部门尚未作出裁定或者决定，则应当根据《中华人民共和国社区矫正法》第四十四条的规定，由社区矫正机构及时办理解除矫正手续，但是对于因社区矫正对象被羁押等原因无法发放解除社区矫正证明书的，可以暂缓发放。

三、解除社区矫正文书应用阶段的实体要求

（一）宣告与证明的意义

社区矫正作为一项严肃的国家刑事执行活动，应当具备完整的闭合流程，尤其对于社区矫正对象来说，从接收宣告到解矫宣告，

体现了社区矫正活动的有始有终。社区矫正对象矫正期满后，社区矫正机构应当向其本人宣告解除社区矫正，通过公开宣告（未成年社区矫正对象除外）的程序和仪式让社区矫正对象明确了解当前的社区矫正状态为已经解除，其刑罚已经执行完毕或者不再执行，也能够告知社区矫正对象所在的社区或者周围的居民该矫正对象当前的法律状态，以便于其更好地融入并回归社会。

同时，根据法律的规定，社区矫正被依法解除后，应当予以书面证明，以便于确定社区矫正对象当前的法律状态。解除社区矫正证明书能够证明社区矫正对象依法接受并完成了社区矫正。公安机关、监狱管理机关决定暂予监外执行的社区矫正对象刑期届满的，由看守所、监狱依法为其办理刑满释放手续。社区矫正对象在解除社区矫正后即成为一名合法公民，在工作、生活、学习的社会实践中亦需要通过合法、官方的证明文书以证明自身的法律状态，该文书为其回归正常的社会生活提供了便利。

（二）可以组织解除矫正宣告的主体

社区矫正对象矫正期满，执行地县级社区矫正机构或者受委托的司法所可以组织解除矫正宣告。宣告由社区矫正机构或者司法所工作人员主持，矫正小组成员及其他相关人员到场，按照规定程序进行。

（三）解除矫正宣告应当包含的内容

1. 宣读对社区矫正对象的鉴定意见。

2. 宣布社区矫正期限届满，依法解除社区矫正。

3. 对判处管制的，宣布执行期满，解除管制；对宣告缓刑的，宣布缓刑考验期满，原判刑罚不再执行；对裁定假释的，宣布考验期满，原判刑罚执行完毕。

（四）组织解除矫正宣告应当注意的问题

1. 组织解除矫正宣告的程序是可以，而非应当。这是《中华人民共和国社区矫正法实施办法》作出的新规定。既然规定的是“可以”，就必须区分“可以”与“应当”。从实践角度看，之所以规定为“可以”，是因为会出现因社区矫正对象无法参加宣告，导致宣告“无对象而不能”的情况。比如，社区矫正对象矫正期满时，出现被采取刑事强制措施或病情危重等特殊情况，都会造成无法宣告。在这种情况下，可以不组织解除矫正宣告，但应当送达解除社区矫正证明书。但是，除非出现了“不可抗力事件”，否则一般应当按照刑法及社区矫正法的有关规定组织解除矫正宣告，一方面可以起到“最后一次”教育引导的作用，另一方面可以起到促进“新生”的作用。因此，一旦未组织解除矫正宣告，就应当有确定不能组织的理由，否则都应当履行宣告程序。

2. 组织解除矫正宣告一般应当公开进行，特例除外。公开进行展示了程序的权威性和严肃性。但是，法律规定，对未成年社区矫正对象的考核奖惩和宣告不公开进行；对未成年社区矫正对象进行宣告或者处罚时，应通知其监护人到场。因此，涉及未成年社区矫正对象解除矫正宣告的，应当采取不公开进行的方式，并通知其监护人到场。

四、解除社区矫正文书应用阶段的程序要求

（一）总结鉴定

社区矫正对象一般应当在社区矫正期满三十日前，作出个人总结。执行地县级社区矫正机构应当根据其在接受社区矫正期间的表现等情况，结合司法所提出的意见，作出书面鉴定，与安置帮教工作部门做好衔接工作。

（二）宣告准备

1. 执行地县级社区矫正机构应当制作《解除社区矫正宣告书》和《解除社区矫正证明书》。

2. 执行地县级社区矫正机构、司法所应当提前作好宣告准备，通知并召集矫正小组成员，确定解除矫正宣告的时间和场所。

（三）组织宣告

1. 执行地县级社区矫正机构、司法所应当要求社区矫正对象按照规定的时间到达指定场所进行解除矫正宣告。

2. 执行地县级社区矫正机构、司法所会同矫正小组成员举行解除矫正宣告仪式，向社区矫正对象宣读解除社区矫正宣告书，宣告其已经顺利度过矫正期并解除矫正；宣读鉴定意见，宣布其管制执行期满，依法解除管制（缓刑考验期满，原判刑罚不再执行；假释考验期满，原判刑罚执行完毕）。

3. 执行地县级社区矫正机构、司法所向社区矫正对象送达《解除社区矫正证明书》，并要求社区矫正对象在《解除社区矫正宣告书》上签名。

4. 执行地县级社区矫正机构、司法所会同矫正小组成员以解除矫正宣告为契机，共同对社区矫正对象进行谈话教育，引导并鼓励其回归社会、融入社会，做一名守法公民。

5. 解除矫正宣告后，执行地县级社区矫正机构应当将《解除社区矫正宣告书》《解除社区矫正证明书（存根）》归入执行档案。

五、解除社区矫正文书法律依据

《中华人民共和国刑法》

第四十条 被判处管制的犯罪分子，管制期满，执行机关应即向本人和其所在单位或者居住地的群众宣布解除管制。

第七十六条 对宣告缓刑的犯罪分子，在缓刑考验期限内，依法实行社区矫正，如果没有本法第七十七条规定的情形，缓刑考验期满，原判的刑罚就不再执行，并公开予以宣告。

第八十五条 对假释的犯罪分子，在假释考验期限内，依法实行社区矫正，如果没有本法第八十六条规定的情形，假释考验期满，就认为原判刑罚已经执行完毕，并公开予以宣告。

《中华人民共和国社区矫正法》

第四十四条 社区矫正对象矫正期满或者被赦免的，社区矫正机构应当向社区矫正对象发放解除社区矫正证明书，并通知社区矫正决定机关、所在地的人民检察院、公安机关。

《中华人民共和国社区矫正法实施办法》

第五十三条 社区矫正对象矫正期限届满，且在社区矫正期间没有应当撤销缓刑、撤销假释或者暂予监外执行收监执行情形的，社区矫正机构依法办理解除矫正手续。

社区矫正对象一般应当在社区矫正期满三十日前，作出个人总结，执行地县级社区矫正机构应当根据其在接受社区矫正期间的表现等情况作出书面鉴定，与安置帮教工作部门做好衔接工作。

执行地县级社区矫正机构应当向社区矫正对象发放解除社区矫正证明书，并书面通知社区矫正决定机关，同时抄送执行地县级人民检察院和公安机关。

公安机关、监狱管理机关决定暂予监外执行的社区矫正对象刑期届满的，由看守所、监狱依法为其办理刑满释放手续。

社区矫正对象被赦免的，社区矫正机构应当向社区矫正对象发放解除社区矫正证明书，依法办理解除矫正手续。

第五十四条 社区矫正对象矫正期满，执行地县级社区矫正机构或者受委托的司法所可以组织解除矫正宣告。

解矫宣告包括以下内容：

（一）宣读对社区矫正对象的鉴定意见；

（二）宣布社区矫正期限届满，依法解除社区矫正；

（三）对判处管制的，宣布执行期满，解除管制；对宣告缓刑的，宣布缓刑考验期满，原判刑罚不再执行；对裁定假释的，宣布考验期满，原判刑罚执行完毕。

宣告由社区矫正机构或者司法所工作人员主持，矫正小组成员及其他相关人员到场，按照规定程序进行。

第五十五条 社区矫正机构、受委托的司法所应当根据未成年社区矫正对象的年龄、心理特点、发育需要、成长经历、犯罪原因、家庭监护教育条件等情况，制定适应未成年人特点的矫正方案，采取有益于其身心健康发展、融入正常社会生活的矫正措施。

社区矫正机构、司法所对未成年社区矫正对象的相关信息应当保密。对未成年社区矫正对象的考核奖惩和宣告不公开进行。对未成年社区矫正对象进行宣告或者处罚时，应通知其监护人到场。

社区矫正机构、司法所应当选任熟悉未成年人身心特点，具有法律、教育、心理等专业知识的人员负责未成年人社区矫正工作，并通过加强培训、管理，提高专业化水平。

第二十一章

解除（终止）社区矫正通知书

一、解除（终止）社区矫正通知书的概念及作用

解除（终止）社区矫正通知书是社区矫正对象被解除或终止社区矫正后，社区矫正机构将解除或终止情况通知社区矫正决定机关、所在地的人民检察院、公安机关所使用的法律文书。该文书的内容包括被通知单位的名称（某人民法院、公安局、监狱管理局），社区矫正对象个人基本信息、刑罚判处情况、社区矫正的类型及期限，以及通知的核心内容——某年某月某日矫正期满，依法解除社区矫正，或因某种原因社区矫正终止。

社区矫正决定机关有裁定撤销缓刑、假释或者决定收监执行的职责，社区矫正机构所在地的人民检察院依法对社区矫正工作进行监督，社区矫正机构所在地公安机关承担参与、配合社区矫正工作的职责。因此，对社区矫正对象解除社区矫正时，应当通知上述机关以便于他们掌握情况，开展各自职责范围内的工作。

二、解除（终止）社区矫正通知书的文书制作

（一）文书样本

解除（终止）社区矫正通知书

（存根）

（　　）　　字第　　号

社区矫正对象__________，男（女），____年___月___日出生，___族，身份证号码__________，户籍地__________，执行地______。因犯__________罪经________人民法院于____年___月___日以________号判决书判处____________。依据________号判决书（裁定书、决定书），在管制（缓刑、假释、暂予监外执行）期间，被依法执行社区矫正。社区矫正期限自____年___月___日起至____年___月___日止。

____年___月___日矫正期满，依法解除社区矫正。（因________________________，社区矫正终止。）

发往机关______人民法院（公安局、监狱管理局）、____人民检察院。

填发人

批准人

填发日期　　年　　月　　日

解除（终止）社区矫正通知书

（　　）　　字第　　号

____________人民法院（公安局、监狱管理局）：

社区矫正对象_________，男（女），____年___月___日出生，___族，身份证_____________，户籍地_________，执行地______，因犯_________罪经________人民法院于____年___月___日以___________判决书判处____________________。依据________号判决书（裁定书、决定书），在管制（缓刑、假释、暂予监外执行）期间，被依法执行社区矫正。社区矫正期限自____年___月___日起至____年___月___日止。____年___月___日矫正期满，依法解除社区矫正。（因________________，社区矫正终止。）

（公章）

年　月　日

注：抄送______人民检察院，______公安（分）局。

（二）解除社区矫正通知书的填写范例与制作说明

案例：林某某被人民法院宣告缓刑后，依法交付至社区矫正机构实施社区矫正。现林某某社区矫正期满，没有撤销缓刑等情形，社区矫正机构依法对林某某解除社区矫正。现将林某某解除社区矫正情况书面通知社区矫正决定机关，同时抄送人民检察院和公安机关。

解除社区矫正通知书

（存根）

（2020）××矫解通字第1号

社区矫正对象林某某，男，××××年××月××日出生，汉族，身份证号码××××××××××××××××××，户籍地××省××市××区××街××小区××号楼×单元×××号，执行地××省××市××区。因犯故意伤害罪经××人民法院于××××年××月××日以××号判决书判处有期徒刑一年，缓刑二年。依据×××号判决书，在缓刑期间，被依法执行社区矫正。社区矫正期限自××××年××月××日起至××××年××月××日止。××××年××月××日矫正期满，依法解除社区矫正。

发往机关××人民法院、××公安分局、××人民检察院。

填发人 ×××
批准人 ×××
填发日期××××年××月××日

解除社区矫正通知书

（2020）××矫解通字第1号

××人民法院：

社区矫正对象林某某，男，××××年××月××日出生，汉族，身份证号码××××××××××××××××××，户籍地××省××市××区××街××小区××号楼×单元×××号，执行地××省××市××区。因犯故意伤害罪经××人民法院于××××年××月××日以××号判决书判处有期徒刑一年，缓刑二年。依据×××号判决书，在缓刑期间，被依法执行社区矫正。社区矫正期限自××××年××月××日起至××××年××月××日止。××××年××月××日矫正期满，依法解除社区矫正。

××市××区社区矫正机构（公章）
××××年××月××日
注：抄送××人民检察院，××公安（分）局。

制作说明：

1. 本文书根据《中华人民共和国社区矫正法》第四十四条以及“两高两部”《中华人民共和国社区矫正法实施办法》第五十三条的规定制作。

2. 文书字号由年度、社区矫正机构代字、类型代字、文书编号组成，使用阿拉伯数字，例“(2020) ××矫解通字第1号”。解除社区矫正通知书一式四份，一份存档，一份送决定社区矫正的人民法院（公安局、监狱管理局）、同时抄送执行地县级人民检察院和公安机关各一份。

（三）终止社区矫正通知书的填写范例与制作说明

案例：郭某某被人民法院宣告缓刑后，依法交付至社区矫正机构实施社区矫正。社区矫正期间，因违反法律、行政法规及监督管理规定，情节严重，依法被人民法院裁定撤销缓刑，郭某某社区矫正终止。

终止社区矫正通知书

（存根）

(2020) ××矫终通字第×号

社区矫正对象郭某某，男，××××年××月××日出生，汉族，身份证号码××××××××××××××××××，户籍地××省××市××区××街××小区××号楼×单元×××号，执行地××省××市××区。因犯故意伤害罪经××

人民法院于××××年××月××日以××号判决书判处有期徒刑一年，缓刑二年。依据×××号判决书，在缓刑期间，被依法执行社区矫正。社区矫正期限自××××年××月××日起至××××年××月××日止。因××法院于××××年××月××日裁定撤销缓刑，社区矫正终止。

发往机关××人民法院、××公安分局、××人民检察院。

填发人 ×××

批准人 ×××

填发日期××××年××月××日

终止社区矫正通知书

（2020）××矫终通字第1号

××人民法院（公安局、监狱管理局）：

社区矫正对象郭某某，男，××××年××月××日出生，汉族，身份证号码××××××××××××××××××，户籍地××省××市××区××街××小区××号楼×单元×××号，执行地××省××市××区。因犯故意伤害罪经××人民法院于××××年××月××日以××号判决书判处有期徒刑一年，缓刑二年。依据×××号判决书，在缓刑期间，被依法执行社区矫正。社区矫正期限自××××年××月××日起至××××年××月××日止。因××法院于××××年××月××日裁定撤销缓刑，社区矫正终止。

××市××区社区矫正机构（公章）

××××年××月××日

注：抄送××人民检察院，××公安（分）局。

制作说明：

1. 本文书根据《中华人民共和国社区矫正法》第四十五条的规定制作。

2. 文书字号由年度、社区矫正机构代字、类型代字、文书编号组成，使用阿拉伯数字，例“（2020）××矫终通字第1号”。终止社区矫正通知书用于社区矫正对象被裁定撤销缓刑、假释，被决定收监执行，或者社区矫正对象死亡的情形，一式三份，一份存档，一份送社区矫正决定机关，一份送执行地县级人民检察院。

（四）注意与提示

1. 社区矫正期限应按照社区矫正决定机关出具的执行通知文书确定的执行期限进行填写。

2. 填写社区矫正终止情况时，应以生效的撤销缓刑裁定、撤销假释裁定、收监执行决定为依据；社区矫正对象死亡的应以医疗机构出具的医学死亡证明或者公安机关出具的非正常死亡证明和殡葬机构出具的尸体火化证明等为依据。

三、解除（终止）社区矫正通知书应用环节的实体要求

（一）解除与终止

社区矫正对象结束社区矫正有两种情形，一种是解除社区矫正，另一种是终止社区矫正，应当严格区分清楚这两种情形，从而依法针对性实施。

解除社区矫正是指社区矫正对象矫正期满或者被赦免，导致社区矫正机构执行社区矫正的法定期限结束，应予正常结束社区矫正的情形。在解除社区矫正后，社区矫正对象即转变为普通公民，其矫正期间被限制的某些公民权利也应同时予以恢复。

终止社区矫正是指社区矫正对象因被裁定撤销缓刑、假释，被决定收监执行，或者死亡，导致社区矫正机构应当依法实施社区矫正的法定依据消失或者社区矫正对象消失，而不得不终止执行的情形。

（二）解除（终止）社区矫正过程中的通知、送达和报告义务

1. 执行机关的通知、送达义务

社区矫正对象矫正期满或者被赦免的，社区矫正机构应当通知社区矫正决定机关、所在地的人民检察院、公安机关。

社区矫正机构依法提出撤销缓刑、撤销假释、收监执行建议的，应当将建议书抄送人民检察院。

社区矫正机构收到社区矫正对象在矫正期间死亡的情况后，应当及时通知社区矫正决定机关、所在地的人民检察院、公安机关。

2. 决定机关的通知、送达义务

对于在考验期限内犯新罪或者发现判决宣告以前还有其他罪没有判决的，应当由审理该案件的人民法院撤销缓刑、假释，并书面通知原审人民法院和执行地社区矫正机构。

人民法院对社区矫正机构提请撤销缓刑、假释作出裁定，应当将裁定书送达社区矫正机构、公安机关、罪犯原服刑或者接收其档案的监狱，并抄送执行地同级人民检察院。执行地人民法院作出裁定的，裁定书同时抄送原审人民法院。

社区矫正机构提请逮捕、人民法院作出是否逮捕决定的法律文书，应当送达负责执行的公安机关，并抄送执行地县级人民检察院。

社区矫正决定机关对社区矫正机构提请收监执行作出决定，应当将决定书送达社区矫正机构和公安机关，并抄送执行地县级人民检察院。

3. 监护人、家庭成员的报告义务

社区矫正对象在社区矫正期间死亡的，其监护人、家庭成员应当及时向社区矫正机构报告。

四、解除（终止）社区矫正通知书应用环节的程序要求

（一）解除社区矫正程序

社区矫正对象矫正期满或者被赦免的，社区矫正机构应当向社区矫正对象发放解除社区矫正证明书，并通知社区矫正决定机关、所在地的人民检察院、公安机关。

解除社区矫正通知书一式四份，一份存档，一份送决定社区矫正的人民法院（公安局、监狱管理局），同时抄送执行地县级人民检察院和公安机关各一份。

（二）终止社区矫正程序

社区矫正对象被裁定撤销缓刑、假释，被决定收监执行，或者社区矫正对象死亡的，社区矫正终止。

终止社区矫正通知书用于社区矫正对象被裁定撤销缓刑、假释，被决定收监执行，或者社区矫正对象死亡的情形。终止社区矫正通知书一式三份，一份存档，一份送社区矫正决定机关，一份送执行地县级人民检察院。

五、解除（终止）社区矫正通知书法律依据

《中华人民共和国社区矫正法》

第四十四条 社区矫正对象矫正期满或者被赦免的，社区矫正机构应当向社区矫正对象发放解除社区矫正证明书，并通知社区矫正决定机关、所在地的人民检察院、公安机关。

第四十五条 社区矫正对象被裁定撤销缓刑、假释，被决定收监执行，或者社区矫正对象死亡的，社区矫正终止。

第四十六条 社区矫正对象具有刑法规定的撤销缓刑、假释情形的，应当由人民法院撤销缓刑、假释。

对于在考验期限内犯新罪或者发现判决宣告以前还有其他罪没有判决的，应当由审理该案件的人民法院撤销缓刑、假释，并书面通知原审人民法院和执行地社区矫正机构。

对于有第二款规定以外的其他需要撤销缓刑、假释情形的，社区矫正机构应当向原审人民法院或者执行地人民法院提出撤销缓刑、假释建议，并将建议书抄送人民检察院。社区矫正机构提出撤销缓刑、假释建议时，应当说明理由，并提供有关证据材料。

第四十八条 人民法院应当在收到社区矫正机构撤销缓刑、假释建议书后三十日内作出裁定，将裁定书送达社区矫正机构和公安机关，并抄送人民检察院。

人民法院拟撤销缓刑、假释的，应当听取社区矫正对象的申辩及其委托的律师的意见。

人民法院裁定撤销缓刑、假释的，公安机关应当及时将社区矫正对象送交监狱或者看守所执行。执行以前被逮捕的，羁押一日折抵刑期一日。

人民法院裁定不予撤销缓刑、假释的，对被逮捕的社区矫正对象，公安机关应当立即予以释放。

第四十九条 暂予监外执行的社区矫正对象具有刑事诉讼法规定的应当予以收监情形的，社区矫正机构应当向执行地或者原社区矫正决定机关提出收监执行建议，并将建议书抄送人民检察院。

社区矫正决定机关应当在收到建议书后三十日内作出决定，将决定书送达社区矫正机构和公安机关，并抄送人民检察院。

人民法院、公安机关对暂予监外执行的社区矫正对象决定收监执行的，由公安机关立即将社区矫正对象送交监狱或者看守所收监执行。

监狱管理机关对暂予监外执行的社区矫正对象决定收监执行的，监狱应当立即将社区矫正对象收监执行。

第五十一条 社区矫正对象在社区矫正期间死亡的，其监护人、家庭成员应当及时向社区矫正机构报告。社区矫正机构应当及时通知社区矫正决定机关、所在地的人民检察院、公安机关。

《中华人民共和国社区矫正法实施办法》

第五十三条 社区矫正对象矫正期限届满，且在社区矫正期间没有应当撤销缓刑、撤销假释或者暂予监外执行收监执行情形的，社区矫正机构依法办理解除矫正手续。

社区矫正对象一般应当在社区矫正期满三十日前，作出个人总结，执行地县级社区矫正机构应当根据其在接受社区矫正期间的表现等情况作出书面鉴定，与安置帮教工作部门做好衔接工作。

执行地县级社区矫正机构应当向社区矫正对象发放解除社区矫正证明书，并书面通知社区矫正决定机关，同时抄送执行地县级人民检察院和公安机关。

公安机关、监狱管理机关决定暂予监外执行的社区矫正对象刑期届满的，由看守所、监狱依法为其办理刑满释放手续。

社区矫正对象被赦免的，社区矫正机构应当向社区矫正对象发放解除社区矫正证明书，依法办理解除矫正手续。

第二十二章

社区矫正法律文书送达回执

一、社区矫正法律文书送达回执的概念及作用

社区矫正法律文书送达回执是社区矫正工作中用于执行地社区矫正机构向社区矫正对象、社区矫正决定机关、执行地人民检察院、公安机关送达文书，以及社区矫正机构之间、社区矫正机构与受委托司法所之间送达文书所使用的证明相关文书送达至对方并签收的书面凭证。该文书的主要内容包括所送达文书的内容、受送达人的姓名和地址、送达文书名称及件数、受送达人或代收人签名盖章、送达人签名、备注和填发人签名等。

《中华人民共和国社区矫正法》和《中华人民共和国社区矫正法实施办法》等相关法律法规中，在多个程序中规定了相关文书的送达、抄送和转送，这些送达行为均需要进行书面的记录和证明，体现社区矫正工作的严肃和规范，也能够解决一些程序衔接上的冲突和争端。社区矫正法律文书送达回执是社区矫正工作执行过程中不可或缺的工具性文书。

二、社区矫正法律文书送达回执的文书制作

（一）文书样本

社区矫正法律文书送达回执

<table>
<tr><td>送达文书内容</td><td colspan="3"></td></tr>
<tr><td>受送达人的
姓名、地址</td><td colspan="3"></td></tr>
<tr><td>送达文书名称
及件数</td><td>受送达人签收</td><td>代收人签收</td><td>送达人</td></tr>
<tr><td></td><td>（公章）
年　月　日</td><td>年　月　日</td><td></td></tr>
<tr><td></td><td>年　月　日</td><td>年　月　日</td><td></td></tr>
<tr><td></td><td>年　月　日</td><td>年　月　日</td><td></td></tr>
<tr><td></td><td>年　月　日</td><td>年　月　日</td><td></td></tr>
<tr><td colspan="4">备注：</td></tr>
</table>

填发人

（二）填写范例与制作说明

社区矫正法律文书送达回执

<table>
<tr><td>送达文书内容</td><td colspan="3">对社区矫正对象×××提请撤销缓刑相关法律文书</td></tr>
<tr><td>受送达人的
姓名、地址</td><td colspan="3">×××，××省××市××区人民法院</td></tr>
<tr><td>送达文书名称
及件数</td><td>受送达人签收</td><td>代收人签收</td><td>送达人</td></tr>
<tr><td>×××一份</td><td>×××
×××（公章）
××年××月××日</td><td>年　月　日</td><td>×××</td></tr>
<tr><td>×××两份</td><td>×××
×××（公章）
××年××月××日</td><td>年　月　日</td><td>×××</td></tr>
<tr><td></td><td>年　月　日</td><td>年　月　日</td><td></td></tr>
<tr><td></td><td>年　月　日</td><td>年　月　日</td><td></td></tr>
<tr><td colspan="4">备注：</td></tr>
</table>

填发人 ×××

制作说明：

1. 本文书根据《中华人民共和国社区矫正法》以及“两高两部”《中华人民共和国社区矫正法实施办法》相关条款的规定制作，用于执行地社区矫正机构向社区矫正对象、社区矫正决定机关、执行地人民检察院、公安机关送达文书以及社区矫正机构之间、社区矫正机构与受委托司法所之间文书送达。

2. 送达回执一般直接送达签收，如果邮寄送达的可以将邮寄回证附送达回执上。

（三）注意与提示

填写时要写明送达文书名称及件数，并在发出时明确核对。受送达人签收送达回执时，亦应对送达文书名称及件数核对确认无误后再签收；核对后认为有误的可以拒绝签收或在写明实际收到情况后再签收。

三、社区矫正法律文书送达回执应用环节的实体要求

送达方式是指社区矫正机构依照法定程序和方式，将社区矫正法律文书送交其他社区矫正机构、人民法院、人民检察院、公安机关或社区矫正对象的刑事执行活动。社区矫正法律文书送达回执是表示已送达的书面凭证。

实践中，不同于民法领域的送达，因送达对象为具体的单位（部门）或个人，一般送达主要采取直接送达和邮寄送达两种方式。需要注意的是，采取邮寄送达，应当交由国家邮政机构（以下简称邮政机构）进行邮寄送达，邮寄回执附送达回执上。另外，个别省市因建设了本地的智能政法协同办案信息化系统，在本地规定允许的情况下，可以通过信息化系统线上送达。

四、社区矫正法律文书送达回执应用环节的程序要求

社区矫正工作中需要送达法律文书的情况主要有：

（一）转送送达

社区矫正所依据的判决、裁定、决定生效后相关文书的送达。

社区矫正决定机关应当自判决、裁定或者决定生效之日起五日内通知执行地社区矫正机构，并在十日内送达有关法律文书，同时抄送人民检察院和执行地公安机关，社区矫正决定地与执行地不在同一地方的，由执行地社区矫正机构将法律文书转送所在地的人民检察院、公安机关。

（二）执行地变更送达

社区矫正对象迁居等原因需要变更执行地的相关法律文书的送达。因社区矫正对象迁居等原因需要变更执行地的，社区矫正机构应当按照有关规定作出变更决定。社区矫正机构作出变更决定后，应当通知社区矫正决定机关和变更后的社区矫正机构，并将有关法律文书抄送变更后的社区矫正机构。变更后的社区矫正机构应当将法律文书转送所在地的人民检察院、公安机关。

（三）提请减刑送达

社区矫正对象减刑程序中相关法律文书的送达。社区矫正对象符合刑法规定的减刑条件的，社区矫正机构应当向社区矫正执行地的中级以上人民法院提出减刑建议，并将减刑建议书抄送同级人民检察院。

（四）提请撤销缓刑（假释）送达

社区矫正对象撤销缓刑、假释程序中相关法律文书的送达。对于有新罪和漏罪以外的其他需要撤销缓刑、假释情形的，社区矫正机构应当向原审人民法院或者执行地人民法院提出撤销缓刑、假释建议，并将建议书抄送人民检察院。

（五）提请收监执行送达

暂予监外执行的社区矫正对象收监执行程序中相关法律文书的

送达。暂予监外执行的社区矫正对象具有刑事诉讼法规定的应当予以收监情形的，社区矫正机构应当向执行地或者原社区矫正决定机关提出收监执行建议，并将建议书抄送人民检察院。

（六）其他文书

社区矫正监督管理工作中其他一些文书的送达，如治安管理处罚建议书副本、社区矫正对象的奖励或者处罚的书面决定等。

五、社区矫正法律文书送达回执法律依据

《中华人民共和国社区矫正法》

第二十条 社区矫正决定机关应当自判决、裁定或者决定生效之日起五日内通知执行地社区矫正机构，并在十日内送达有关法律文书，同时抄送人民检察院和执行地公安机关。社区矫正决定地与执行地不在同一地方的，由执行地社区矫正机构将法律文书转送所在地的人民检察院、公安机关。

第二十七条 社区矫正对象离开所居住的市、县或者迁居，应当报经社区矫正机构批准。社区矫正机构对于有正当理由的，应当批准；对于因正常工作和生活需要经常性跨市、县活动的，可以根据情况，简化批准程序和方式。

因社区矫正对象迁居等原因需要变更执行地的，社区矫正机构应当按照有关规定作出变更决定。社区矫正机构作出变更决定后，应当通知社区矫正决定机关和变更后的社区矫正机构，并将有关法律文书抄送变更后的社区矫正机构。变更后的社区矫正机构应当将法律文书转送所在地的人民检察院、公安机关。

第三十三条 社区矫正对象符合刑法规定的减刑条件的，社区矫正机构应当向社区矫正执行地的中级以上人民法院提出减刑建议，并将减刑建议书抄送同级人民检察院。

人民法院应当在收到社区矫正机构的减刑建议书后三十日内作出裁定，并将裁定书送达社区矫正机构，同时抄送人民检察院、公安机关。

第四十六条 社区矫正对象具有刑法规定的撤销缓刑、假释情形的，应当由人民法院撤销缓刑、假释。

对于在考验期限内犯新罪或者发现判决宣告以前还有其他罪没有判决的，应当由审理该案件的人民法院撤销缓刑、假释，并书面通知原审人民法院和执行地社区矫正机构。

对于有第二款规定以外的其他需要撤销缓刑、假释情形的，社区矫正机构应当向原审人民法院或者执行地人民法院提出撤销缓刑、假释建议，并将建议书抄送人民检察院。社区矫正机构提出撤销缓刑、假释建议时，应当说明理由，并提供有关证据材料。

第四十九条 暂予监外执行的社区矫正对象具有刑事诉讼法规定的应当予以收监情形的，社区矫正机构应当向执行地或者原社区矫正决定机关提出收监执行建议，并将建议书抄送人民检察院。

社区矫正决定机关应当在收到建议书后三十日内作出决定，将决定书送达社区矫正机构和公安机关，并抄送人民检察院。

人民法院、公安机关对暂予监外执行的社区矫正对象决定收监执行的，由公安机关立即将社区矫正对象送交监狱或者看守所收监执行。

监狱管理机关对暂予监外执行的社区矫正对象决定收监执行的，监狱应当立即将社区矫正对象收监执行。

《中华人民共和国社区矫正法实施办法》

第十六条 社区矫正决定机关应当自判决、裁定或者决定生效之日起五日内通知执行地县级社区矫正机构，并在十日内将判决书、裁定书、决定书、执行通知书等法律文书送达执行地县级社区矫正机构，同时抄送人民检察院。收到法律文书后，社区矫正机构应当在五日内送达回执。

社区矫正对象前来报到时，执行地县级社区矫正机构未收到法律文书或者法律文书不齐全，应当先记录在案，为其办理登记接收手续，并通知社区矫正决定机关在五日内送达或者补齐法律文书。

第三十一条 同意变更执行地的，原执行地县级社区矫正机构应当在作出决定之日起五日内，将有关法律文书和档案材料移交新执行地县级社区矫正机构，并将有关法律文书抄送社区矫正决定机关和原执行地县级人民检察院、公安机关。新执行地县级社区矫正机构收到法律文书和档案材料后，在五日内送达回执，并将有关法律文书抄送所在地县级人民检察院、公安机关。

同意变更执行地的，社区矫正对象应当自收到变更执行地决定之日起七日内，到新执行地县级社区矫正机构报到。新执行地县级社区矫正机构应当核实身份、办理登记接收手续。发现社区矫正对象未按规定时间报到的，新执行地县级社区矫正机构应当立即通知原执行地县级社区矫正机构，由原执行地县级社区矫正机构组织查找。未及时办理交付接收，造成社区矫正对象脱管漏管的，原执行地社区矫正机构会同新执行地社区矫正机构妥善处置。

对公安机关、监狱管理机关批准暂予监外执行的社区矫正对象变更执行地的，公安机关、监狱管理机关在收到社区矫正机构送达的法律文书后，应与新执行地同级公安机关、监狱管理机关办理交接。新执行地的公安机关、监狱管理机关应指定一所看守所、监狱接收社区矫正对象档案，负责办理其收监、刑满释放等手续。看守所、监狱在接收档案之日起五日内，应当将有关情况通报新执行地县级社区矫正机构。对公安机关批准暂予监外执行的社区矫正对象在同一省、自治区、直辖市变更执行地的，可以不移交档案。

第三十二条 社区矫正机构应当根据有关法律法规、部门规章和其他规范性文件，建立内容全面、程序合理、易于操作的社区矫正对象考核奖惩制度。

社区矫正机构、受委托的司法所应当根据社区矫正对象认罪悔罪、遵守有关规定、服从监督管理、接受教育等情况，定期对其考核。对于符合表扬条件、具备训诫、警告情形的社区矫正对象，经执行地县级社区矫正机构决定，可以给予其相应奖励或者处罚，作出书面决定。对于涉嫌违反治安管理行为的社区矫正对象，执行地县级社区矫正机构可以向同级公安机关提出建议。社区矫正机构奖励或者处罚的书面决定应当抄送人民检察院。

社区矫正对象的考核结果与奖惩应当书面通知其本人，定期公示，记入档案，做到准确及时、公开公平。社区矫正对象对考核奖惩提出异议的，执行地县级社区矫正机构应当及时处理，并将处理结果告知社区矫正对象。社区矫正对象对处理结果仍有异议的，可以向人民检察院提出。

第三十六条 社区矫正对象违反监督管理规定或者人民法院禁止令，依法应予治安管理处罚的，执行地县级社区矫正机构应当及时提请同级公安机关依法给予处罚，并向执行地同级人民检察院抄送治安管理处罚建议书副本，及时通知处理结果。

第四十条 发现社区矫正对象有违反监督管理规定或者人民法院禁止令等违法情形的，执行地县级社区矫正机构应当调查核实情况，收集有关证据材料，提出处理意见。

社区矫正机构发现社区矫正对象有撤销缓刑、撤销假释或者暂予监外执行收监执行的法定情形的，应当组织开展调查取证工作，依法向社区矫正决定机关提出撤销缓刑、撤销假释或者暂予监外执行收监执行建议，并将建议书抄送同级人民检察院。

第四十二条 社区矫正对象符合法定减刑条件的，由执行地县级社区矫正机构提出减刑建议书并附相关证据材料，报经地（市）社区矫正机构审核同意后，由地（市）社区矫正机构提请执行地的中级人民法院裁定。

依法应由高级人民法院裁定的减刑案件，由执行地县级社区矫正机构提出减刑建议书并附相关证据材料，逐级上报省级社区矫正机构审核同意后，由省级社区矫正机构提请执行地的高级人民法院裁定。

人民法院应当自收到减刑建议书和相关证据材料之日起三十日内依法裁定。

社区矫正机构减刑建议书和人民法院减刑裁定书副本，应当同时抄送社区矫正执行地同级人民检察院、公安机关及罪犯原服刑或者接收其档案的监狱。

第四十六条 社区矫正对象在缓刑考验期内，有下列情形之一的，由执行地同级社区矫正机构提出撤销缓刑建议：

（一）违反禁止令，情节严重的；

（二）无正当理由不按规定时间报到或者接受社区矫正期间脱离监管，超过一个月的；

（三）因违反监督管理规定受到治安管理处罚，仍不改正的；

（四）受到社区矫正机构两次警告，仍不改正的；

（五）其他违反有关法律、行政法规和监督管理规定，情节严重的情形。

社区矫正机构一般向原审人民法院提出撤销缓刑建议。如果原审人民法院与执行地同级社区矫正机构不在同一省、自治区、直辖市的，可以向执行地人民法院提出建议，执行地人民法院作出裁定的，裁定书同时抄送原审人民法院。

社区矫正机构撤销缓刑建议书和人民法院的裁定书副本同时抄送社区矫正执行地同级人民检察院。

第四十七条 社区矫正对象在假释考验期内，有下列情形之一的，由执行地同级社区矫正机构提出撤销假释建议：

（一）无正当理由不按规定时间报到或者接受社区矫正期间脱离监管，超过一个月的；

（二）受到社区矫正机构两次警告，仍不改正的；

（三）其他违反有关法律、行政法规和监督管理规定，尚未构成新的犯罪的。

社区矫正机构一般向原审人民法院提出撤销假释建议。如果原审人民法院与执行地同级社区矫正机构不在同一省、自治区、直辖市的，可以向执行地人民法院提出建议，执行地人民法院作出裁定的，裁定书同时抄送原审人民法院。

社区矫正机构撤销假释的建议书和人民法院的裁定书副本同时抄送社区矫正执行地同级人民检察院、公安机关、罪犯原服刑或者接收其档案的监狱。

第四十八条 被提请撤销缓刑、撤销假释的社区矫正对象具备下列情形之一的，社区矫正机构在提出撤销缓刑、撤销假释建议书的同时，提请人民法院决定对其予以逮捕：

（一）可能逃跑的；

（二）具有危害国家安全、公共安全、社会秩序或者他人人身安全现实危险的；

（三）可能对被害人、举报人、控告人或者社区矫正机构工作人员等实施报复行为的；

（四）可能实施新的犯罪的。

社区矫正机构提请人民法院决定逮捕社区矫正对象时，应当提供相应证据，移送人民法院审查决定。

社区矫正机构提请逮捕、人民法院作出是否逮捕决定的法律文书，应当同时抄送执行地县级人民检察院。

第四十九条 暂予监外执行的社区矫正对象有下列情形之一的，由执行地县级社区矫正机构提出收监执行建议：

（一）不符合暂予监外执行条件的；

（二）未经社区矫正机构批准擅自离开居住的市、县，经警告拒不改正，或者拒不报告行踪，脱离监管的；

（三）因违反监督管理规定受到治安管理处罚，仍不改正的；

（四）受到社区矫正机构两次警告的；

（五）保外就医期间不按规定提交病情复查情况，经警告拒不改正的；

（六）暂予监外执行的情形消失后，刑期未满的；

（七）保证人丧失保证条件或者因不履行义务被取消保证人资格，不能在规定期限内提出新的保证人的；

（八）其他违反有关法律、行政法规和监督管理规定，情节严重的情形。

社区矫正机构一般向执行地社区矫正决定机关提出收监执行建议。如果原社区矫正决定机关与执行地县级社区矫正机构在同一省、自治区、直辖市的，可以向原社区矫正决定机关提出建议。

社区矫正机构的收监执行建议书和决定机关的决定书，应当同时抄送执行地县级人民检察院。

第五十三条 社区矫正对象矫正期限届满，且在社区矫正期间没有应当撤销缓刑、撤销假释或者暂予监外执行收监执行情形的，社区矫正机构依法办理解除矫正手续。

社区矫正对象一般应当在社区矫正期满三十日前，作出个人总结，执行地县级社区矫正机构应当根据其在接受社区矫正期间的表现等情况作出书面鉴定，与安置帮教工作部门做好衔接工作。

执行地县级社区矫正机构应当向社区矫正对象发放解除社区矫正证明书，并书面通知社区矫正决定机关，同时抄送执行地县级人民检察院和公安机关。

公安机关、监狱管理机关决定暂予监外执行的社区矫正对象刑期届满的，由看守所、监狱依法为其办理刑满释放手续。

社区矫正对象被赦免的，社区矫正机构应当向社区矫正对象发放解除社区矫正证明书，依法办理解除矫正手续。

图书在版编目（CIP）数据

社区矫正执法文书的制作与应用／卞增智，邹屹峰主编；穆麟，郭斐副主编．—北京：中国法制出版社，2022.5（2025.11 重印）
（社区矫正工作法律实务丛书）
ISBN 978－7－5216－2612－4

Ⅰ.①社…　Ⅱ.①卞…②邹…③穆…④郭…　Ⅲ.①社区－监督改造－法律文书－中国　Ⅳ.①D926.13

中国版本图书馆 CIP 数据核字（2022）第 055646 号

责任编辑：周琼妮（zqn－zqn@126.com）　　封面设计：杨泽江

社区矫正执法文书的制作与应用
SHEQU JIAOZHENG ZHIFA WENSHU DE ZHIZUO YU YINGYONG

主编/卞增智，邹屹峰
副主编/穆麟，郭斐
经销/新华书店
印刷/北京虎彩文化传播有限公司
开本/880 毫米×1230 毫米　32 开　　印张/9.75　字数/200 千
版次/2022 年 5 月第 1 版　　2025 年 11 月第 3 次印刷

中国法制出版社出版
书号 ISBN 978－7－5216－2612－4　　定价：45.00 元

北京市西城区西便门西里甲 16 号西便门办公区
邮政编码：100053　　传真：010－63141600
网址：http：//www.zgfzs.com　　编辑部电话：010－63141807
市场营销部电话：010－63141612　　总编室电话：010－63141606

（如有印装质量问题，请与本社总编室联系。）